U0789377

山海经

于立文 主编

伍

辽海出版社

目　录

第十七卷　大荒北经

第十八卷　海内经

第十九卷　《山海经》探源

第二十卷　《山海经》的历代研究

第十七卷　大荒北经

  《大荒北经》中所记述的国家大致位于中国的北边，与《海外北经》有许多相似之处，这些国家有三桑无枝、无肠国等。此外，经中还提到一些神话人物如禺强神、夸父神等。

大荒北经

【导读】

　　《大荒北经》中记载了很多奇异的动物和神，如：兽首蛇身的琴虫，长着九颗脑袋、人脸鸟身的九凤神，虎头人身、口中衔蛇的强良神，能呼风唤雨的烛龙。经中记载了帝颛顼和他

的九个嫔妃埋葬于附禺山的故事，令神话传说有依有据；还有黄帝与蚩尤大战，请来应龙和女魃相助，大获全胜的故事，展示了上古时期部落之间斗争的真实历史。

【原文】

17.1　东北海之外，大荒之中①，河水之间②，附禺之山③，帝颛顼与九嫔葬焉④。爰有鸱久、文贝、离俞、鸾鸟、皇鸟、大物、小物⑤。有青鸟、琅鸟、玄鸟、黄鸟、虎、豹、熊、罴、黄蛇、视肉、璇瑰、瑶碧⑥，皆出卫于山⑦。丘方员三百里，丘南帝俊竹林在焉⑧，大可为舟。竹南有赤泽水⑨，名曰封渊。有三桑无枝⑩。丘西有沈渊，颛顼所浴。

【注释】

①大荒：最荒远的地方。

②河：黄河。

③附禺之山：务禺山。

④颛顼：号高阳氏。相传为黄帝之孙、昌意之子，生于若水，居于帝丘。

⑤爰：这里；那里。久：即鸱鸺。离俞：离朱。鸾鸟：传说中凤凰一类的鸟。皇鸟：雌凤凰。大物：大的殉葬品。小物：小的殉葬品。

⑥琅（láng）鸟：鸟名。玄：黑色。罴：棕熊。视肉：传

说中的一种兽。璇瑰：美玉名。瑶碧：美玉。碧：青绿色的玉石。

⑦卫：应在下句"丘"字前面。

⑧帝俊：所指待考。

⑨赤泽水：指红色的水泽。

⑩三桑：三棵桑树。

【译文】

东北海的外面，最荒远之地，黄河的岸边，有一座附禺山，帝颛顼和他的九个妃嫔就葬在此山之中。这里有鸱鹰、花斑贝、离朱、鸾鸟、凰及各种殉葬的大小物件。还有青鸟、琅鸟、黑鸟、黄鸟、虎、豹、熊、罴、黄蛇、视肉、璇瑰、美玉、青绿色的玉石，都出于卫丘。卫丘方圆三百里，丘的南边是帝俊的竹林，林中的竹子十分粗大，单根竹子就能制作小船。竹林的南边是一片池泽，湖水呈红色，名叫封渊。封渊旁边有三棵桑树，没有树枝。丘的西边是沈渊，这里是帝颛顼洗澡沐浴的地方。

【原文】

17.2　有胡不与之国①，烈姓，黍食。

【注释】

①胡不与之国：胡不与国，国名。

【译文】

有一个胡不与国，国人都以烈为姓，以黍为食。

【原文】

17.3　大荒之中[1]，有山名曰不咸。有肃慎氏之国。有蜚蛭[2]，四翼。有虫，兽首蛇身，名曰琴虫。

【注释】

①大荒：最荒远的地方。

②蜚（fěi）蛭（zhì）：动物名。蜚，通"飞"。

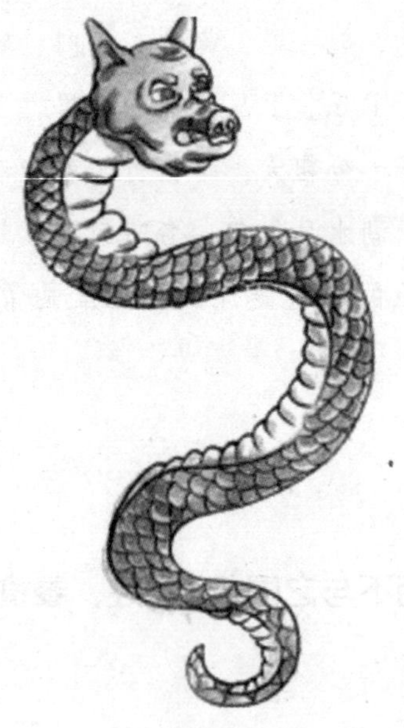

琴虫

【译文】

最荒远之地有座山，名叫不咸。有一个肃慎氏国。有一种名叫蜚蛭的动物，它有四只翅膀。有一种虫，它长着兽一样的脑袋，蛇一样的身子，名叫琴虫。

琴虫　清　汪绂图本

山海经动物古今考	《山海经》中名称	今　考
	皇　鸟	雌凤凰
	视　肉	传说中的一种兽
	鸾　鸟	传说中凤凰一类的鸟

【原文】

17.4　有人名曰大人。有大人之国[①]，厘姓，黍食。有大青蛇，黄头，食麈[②]。

【注释】

①大人之国：大人国，国名。
②麈（zhǔ）：鹿一类的动物。

【译文】

有人名叫大人。有一个大人国，国中的人皆以厘为姓，以黍为食。有一种巨大的青蛇，它长着黄色的脑袋，以麈为食。

【原文】

17.5　有榆山。有鲧攻程州之山[①]。

【注释】

①程州：可能是国名。

【译文】

有一座榆山。还有一座鲧攻程州山。

【原文】

17.6　大荒之中[①]，有山名曰衡天。有先民之山[②]。

有槃木千里③。

【注释】

①大荒：最荒远的地方。

②先民之山：先民山。

③槃（pán）木：屈曲盘绕的树。

【译文】

在最荒远之地有座山，名叫衡天。有一座先民山。有一种屈曲盘绕的树，它占地千里。

山海经地理古今考	《山海经》中名称	今　考
	不　咸	据说指位于我国东北部的长白山
	鲧攻程州之山	具体所指待考
	先民之山	可能在今东北

【原文】

17.7　有叔歜国①，颛顼之子②，黍食，使四鸟③：虎、豹、熊、罴④。有黑虫如熊状⑤，名曰猎猎。

【注释】

①叔歜（chù）国：国名。

②颛顼：号高阳氏。相传为黄帝之孙、昌意之子，生于若

水，居于帝丘。

  ③鸟：这里指兽。

  ④罴：棕熊。

  ⑤虫：这里指兽。

猎猎

猎猎　清　汪绂图本

【译文】

有个叔歜国，国中的人都是颛顼的后裔，他们以黍为食，能驱使四种野兽：虎、豹、熊和罴。有一种黑色野兽，形状与熊相似，名叫猎猎。

【原文】

17.8　有北齐之国[1]，姜姓，使虎、豹、熊、罴[2]。

【注释】

①北齐之国：北齐国，国名。

②罴：棕熊。

【译文】

有个北齐国，这个国家的人都以姜为姓，他们能驱使老虎、豹子、熊、罴这四种野兽。

【原文】

17.9　大荒之中①，有山名曰先槛大逢之山②，河、济所入③，海北注焉。其西有山，名曰禹所积石④。

【注释】

①大荒：最荒远的地方。

②先槛大逢之山：山名。可能在今山东半岛。

③河：黄河。济：济水。

④禹所积石：山名。可能在今河北境内。

【译文】

最荒远之地有座山，名叫先槛大逢山，这里是黄河和济水流入的地方，海水也从北面注入此山中。大逢山的西边有一座山，名叫禹所积石山。

山海经地理古今考	《山海经》中名称	今　考
	大　荒	指最荒远的地方
	河	这里指黄河
	罴	棕　熊
	虫	这里指兽

【原文】

17.10　有阳山者。有顺山者，顺水出焉。有始州之国[①]，有丹山。

【注释】

①始州之国：始州国。国名。

【译文】

有一座阳山。有一座顺山，顺水发源于此。有一个始州国，国中有座丹山。

【原文】

17.11　有大泽方千里，群鸟所解[①]。

【注释】

①解：指鸟脱换羽毛。

【译文】

有一个大泽，方圆可达千里，这里是众鸟脱换羽毛的地方。

【原文】

17.12 有毛民之国①，依姓，食黍，使四鸟②。禹生均国，均国生役采，役采生修鞈③，修鞈杀绰人④。帝念之，潜为之国，是此毛民。

【注释】

①毛民之国：毛民国。国名。

②鸟：这里指兽。

③修鞈（jiá）：人名。

④绰人：人名。

【译文】

有个毛民国，国中之人皆以依为姓，以黍为食，能驱使四种野兽。禹生了均国，均国生了役采，役采生了修鞈，修鞈杀死了绰人。天帝怜念绰人，便暗地里帮他的后代建了一个国家，这个国家就是毛民国。

【原文】

17.13 有儋耳之国①，任姓，禹号子②，食谷。北海之渚中③，有神，人面鸟身，珥两青蛇④，践两赤蛇，名曰禺强。

【注释】

①儋（dān）耳之国：儋耳国，国名。

②禺号：传说中的海神名。

③北海：古代泛指北方偏远之地。渚：水中间的小块陆地。

④珥：用作动词。这里指（用两条青蛇）做耳饰。

【译文】

有一个儋耳国，国中之人皆以任为姓，他们是禺号的后裔，以谷物为食。在北海的岛屿中居住着一位神，他人面鸟身，以两条青蛇作耳饰，脚下踩着两条赤蛇，这位神名叫禺强。

【原文】

17.14　大荒之中①，有山名曰北极天柜，海水北注焉。有神，九首人面鸟身，名曰九凤。又有神，衔蛇操蛇，其状虎首人身，四蹄长肘，名曰强良。

【注释】

①大荒：最荒远的地方。

【译文】

在最荒远之地有座山，名叫北极天柜，海水从它的北面注入山中。山里有一位神，他长着九个脑袋，人一样的脸，鸟一样的身子，这位神名叫九凤。还有一位神，他嘴中衔着一条蛇，手里还握着一条蛇，他长着虎首人身，有四只蹄子，肘臂很长，这位神名叫强良。

九凤

九凤　明　郝懿行图本

强良

强良　明　胡文焕图本

【原文】

17. 15　大荒之中[1]，有山名曰成都载天。有人珥两黄蛇[2]，把两黄蛇，名曰夸父。后土生信[3]，信生夸父。夸父不量力，欲追日景[4]，逮之于禺谷[5]，将饮河而不足也，将走大泽，未至，死于此。应龙已杀蚩尤[6]，又杀夸父，乃去南方处之，故南方多雨。

【注释】

①大荒：最荒远的地方。

②珥：用作动词，指（用两条黄蛇）作耳饰。

③后土：传说是共工的儿子句龙。

④景（yǐng）："影"的本字。

⑤禺谷：传说是太阳落下后要去的地方。

⑥应龙：古代传说中善兴云作雨的神。蚩尤：传说中的古代九黎族首领，以金作兵器，与黄帝战于涿鹿，失败被杀。

【译文】

在最荒远之地有座山，名叫成都载天。有个人以两条黄蛇为耳饰，手里还拿着两条黄蛇，这人名叫夸父。后土生了信，信生了夸父。夸父不自量力，想要追赶太阳，终在禺谷追赶上了（太阳），夸父因口渴而喝黄河之水，但黄河水不够喝，便想到北方的大泽中取水喝，结果还未走到，便渴死了。也有说是应龙杀了蚩尤，又杀了夸父，于是跑到南方去居住，所以南方的雨水特别多。

【原文】

17. 16　又有无肠之国^①，是任姓，无继子^②，食鱼。

【注释】

①无肠之国：无肠国，国名。

②无继子：指无继国人的后代。

【译文】

还有个国家名叫无肠国，国中的人都姓任，他们是无继国人的后代，以鱼类为食。

【原文】

17. 17　共工臣名曰相繇^①，九首蛇身，自环^②，食于九土^③。其所欼所尼^④，即为源泽^⑤，不辛乃苦，百兽莫能处。禹湮洪水^⑥，杀相繇，其血腥臭，不可生谷，其地多水，不可居也。禹湮之，三仞三沮^⑦，乃以为池，群帝是因以为台。在昆仑之北^⑧。

【注释】

①相繇（yáo）：又叫相柳氏。

②自环：身子盘绕在一起。

③九土：一作"九山"。

④欨（wū）：恶心呕吐。尼：止。

⑤源泽：这里指沼泽。

⑥湮（yīn）：阻塞。

⑦仞：通"轫"，指满。沮：毁坏。

⑧昆仑：指昆仑山。

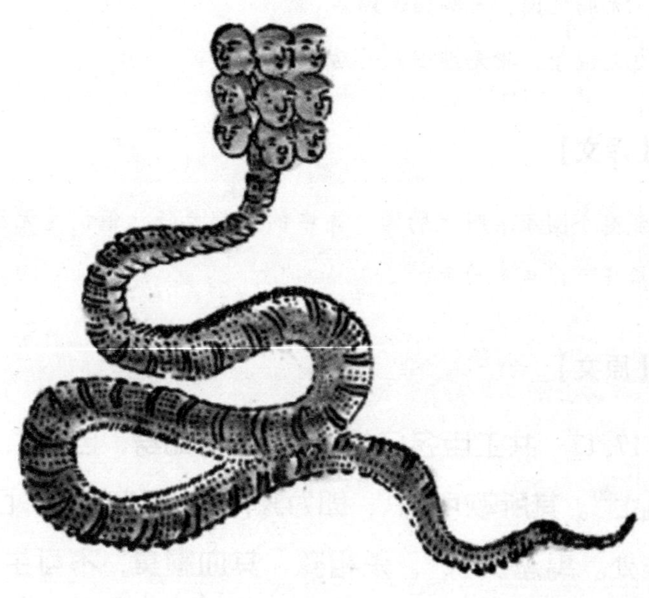

相繇

【译文】

水神共工有个名叫相繇的臣子，这个相繇长着九个脑袋，蛇一样的身子，身体盘成一团，他从九个地方取食。他呕吐出

来的东西或是他所到之处，都会立即变为沼泽，沼泽中的水的味道不是辛辣就是苦涩，各种野兽都无法在这里居住。禹治理洪水的时候，杀死了相繇，它流出的血又腥又臭，流经之处不能生长谷物，而且又有很多水，人们无法在此居住。禹将它的血流经之地掩埋起来，填了三次又塌了三次，禹便把此地挖掘成一个水池，并在这里建造了几座帝王的台子，位于昆仑山的北面。

【原文】

17.18　有岳之山[1]，寻竹生焉[2]。

岳山

【注释】

①岳之山：岳山，山名。

②寻：长。

【译文】

有一座岳山，山中长着许多高大的竹。

【原文】

17.19　大荒之中①，有山名曰不句，海水入焉。

【注释】

①大荒：最荒远的地方。

【译文】

在最荒远之地有座山，名叫不句山，海水就流入这座山中。

【原文】

17.20　有系昆之山者①，有共工之台②，射者不敢北乡③。有人衣青衣，名曰黄帝女魃④。蚩尤作兵伐黄帝⑤，黄帝乃令应龙攻之冀州之野⑥。应龙畜水，蚩尤请风伯、雨师，纵大风雨。黄帝乃下天女曰魃，雨止，遂杀蚩尤。魃不得复上，所居不雨。叔均言之帝⑦，后

置之赤水之北。叔均乃为田祖[8]。魃时亡之，所欲逐之者，令曰："神北行！"先除水道，决通沟渎[9]。

【注释】

①系昆之山：系昆山。一说可能指阴山。

②共工之台：共工台。

③乡：同"向"，朝向。

④黄帝：传说中中原各族的祖先，姬姓，少典之子，号轩辕氏、有熊氏。女魃（bá）：旱魃，相传是不长一根头发的光秃女神，她所居住的地方，天不下雨。

⑤蚩尤：传说中的古代九黎族首领，以金作兵器，与黄帝战于涿鹿，失败被杀。

⑥应龙：古代传说中善兴云作雨的神。冀州：古代九州之一。

蚩尤

⑦叔均：人名。一说是舜的儿子商均。

⑧田祖：主管田地的官。

⑨渎：小沟。

系昆山

【译文】

有一座系昆山，有一座共工台，射箭之人不敢朝共工台所处的北方射箭。有一个人穿着青色衣服，名叫黄帝女魃。蚩尤制造兵器攻击黄帝，黄帝便派应龙在冀州的原野与蚩尤作战。应龙蓄积了很多水，蚩尤请来风伯和雨师，于是天上掀起狂风暴雨。黄帝于是请来一位名叫魃的天女，魃从天上下来后雨就停住了，黄帝于是杀了蚩尤。魃再也无法回到天上，凡是她居住的地方，就不会下雨。叔均把这件事报告给了黄帝，黄帝就

让魃住到了赤水的北面。叔均被任命为管理田地的官。魃经常跑到其它地方去，人们想要赶走她，就会说："神啊，请你向北去吧！"并要先清理水道，疏通沟渠。

【黄帝蚩尤之战】

黄帝与炎帝争夺帝位，打败炎帝之后，势力更加强大，各部落纷纷前来归顺。黄帝又施行德政，带领百姓开荒种地，发展农业生产，在他的领导下，部落日渐强大。

黄帝部落的强大引起了南方部落首领蚩尤的恐慌。蚩尤部落位于长江中下游一带，与黄帝部落相邻。他害怕黄帝，有一天会吞并自己的部落，所以决定先发制人。

蚩尤开始大规模地冶炼铜铁，制造兵器。一切准备妥当后，他带领手下高大魁梧的八十一员大将和众多兵士浩浩荡荡地向北方出发了。

身经百战的黄帝得知蚩尤来犯，并不慌张，带领部队沉着迎战。在涿鹿这个地方，和蚩尤的军队展开了一场殊死搏斗。蚩尤施展法术，在田野升起浓雾，黄帝的士兵什么也看不清楚，顿时乱作一团。蚩尤大喜，趁机率领部队杀入黄帝的阵营中，晕头转向的黄帝士兵被杀得人仰马翻，损失惨重。幸好，黄帝所乘坐的战车是指南车，这种车参照北斗星的运转而制成，车上站着一个人，手始终指向南方。黄帝依靠指南车，才得以率领剩下的部众突出重围。

黄帝的军队还没有休整好，蚩尤的军队就追赶过来了。眼看就要杀到眼前，黄帝无奈，只好请来天上的应龙，希望它能降下大水，阻挡蚩尤的部众。岂料，蚩尤更加高明，请来了风伯雨师，大地上狂风骤起，飞沙走石，大树被连根拔起，瓢泼大雨倾盆而下，河道里灌满了水，向黄帝的驻地流去。

黄帝又请来了天女女魃。这女魃是旱神，她到哪里就会把哪里的水全部烤干。女魃来了以后，大雨顿时停了，很快地上的水也被烤干了。蚩尤及手下的将士们正为黄帝军队的溃败而得意，忽见大雨骤停，都不明所以。就在他们愣神间，黄帝率军队冲杀过来，把蚩尤的军队打得落花流水。

经过这次大战，蚩尤元气大伤，再加上长途跋涉，士气更加低沉。可是，蚩尤仍旧不服输，又巧言劝说南方的夸父加入战争。夸父是个神勇之人，黄帝派应龙为大将出战，巧布兵阵，又用夔牛鼓为应龙助阵，鼓声响彻千里，蚩尤的部众听了以后心惊胆战，黄帝的士兵则变得更加勇猛。应龙大显神威，带领兵士击败蚩尤和夸父，最后在乱军中活捉了蚩尤。黄帝痛恨蚩尤掀起战争，下令将他斩首示众，又把蚩尤临死前所戴的木枷抛到荒野之中，木枷顿时化作一片枫林，而火红的枫叶就是蚩尤滴在木枷上的鲜血。

蚩尤原是一名勇猛的首领，许多部落都非常惧怕他。他死后，还有部落不断挑起战争，黄帝就把蚩尤的头像画在战旗上，部落首领看到旗帜，都以为蚩尤没死，而且臣服于黄帝了。他们害怕蚩尤的本领，于是偃旗息鼓，表示愿意归顺黄帝。

【原文】

17.21　有人方食鱼，名曰深目民之国[1]，盼姓，食鱼。

【注释】

①深目民之国：深目民国，即深目国。

【译文】

有人正在吃鱼，他们是深目民国的国民，这个国家的人都姓盼，以鱼类为食。

山海经地理古今考	《山海经》中名称	今　考
	昆　仑	昆仑山
	系昆之山	可能指今阴山山脉
	冀　州	今山西和陕西间黄河以东、河南和山西间黄河以北等地区

【原文】

17.22　有钟山者。有女子衣青衣，名曰赤水女子献①。

【注释】

①献：应作魃，因魃是"衣青衣"，住在"赤水之北"。

赤水女子献

赤水女子献　明　蒋应镐绘图本

【译文】

有一座钟山。山中居住着一位穿青色衣服的女子，名叫赤水女子献。

【原文】

17.23　大荒之中①，有山名曰融父山，顺水入焉。有人名曰犬戎②。黄帝生苗龙③，苗龙生融吾，融吾生弄明，弄明生白犬，白犬有牝牡，是为犬戎，肉食。有赤兽，马状，无首，名曰戎宣王尸④。

【注释】

①大荒：最荒远的地方。

②犬戎：古族名，古戎人的一支，大概在今陕西一带。

戎宣王尸

③黄帝：传说是中原各族的祖先，姬姓，少典之子，号轩辕氏、有熊氏。

④戎宣王尸：传说中的一种神兽。

戎宣王尸　清　《禽虫典》本

【译文】

在最荒远之地有一座山，名叫融父山，这里是顺水流入的地方。有人名叫犬戎。黄帝生了苗龙，苗龙生了融吾，融吾生了弄明，弄明生了白犬，白犬雌雄同体，生下了犬戎族人，他们以肉为食。有一种红色的兽，它的形状与马相似，但没有脑袋，名叫戎宣王尸。

【原文】

17.24　有山名曰齐州之山、君山、鬵山、鲜野山、鱼山[①]。

【注释】

①鬵（qín）山：山名。

【译文】

有几座山，名叫齐州山、君山、鬵山、鲜野山、鱼山。

【原文】

17.25　有人一目，当面中生。一日是威姓，少昊之子[①]，食黍。

【注释】

①少昊：传说中远古东夷族首领，名挚，号金天氏。

【译文】

有人只长着一只眼睛，而且（眼睛）长在脸的正中间。一说他们姓威，是少昊的后裔，以黍为食。

【原文】

17.26　有继无民[1]，继无民任姓，无骨子[2]，食气、鱼[3]。

【注释】

[1]继无民：国名或部族名。

[2]无骨：国名或部族名。

[3]食气：指古代的一种养生术，通过调节呼吸来摄取空气中的营养物质。

【译文】

有一群继无民，他们都姓任，是无骨的后代，这些人以空气和鱼类为食。

【原文】

17.27　西北海外，流沙之东[1]，有国曰中𬨎[2]，颛顼之子[3]，食黍。

【注释】

[1]流沙：古时指中国西北的沙漠地区。

②中编（biàn）：国名。

③颛顼：号高阳氏，相传为黄帝之孙、昌意之子，生于若水，居于帝丘。

【译文】

在西北海的外面，流沙的东面，有个名叫中编的国家，这个国家的居民是颛顼的后裔，他们以黍为食。

【原文】

17.28　有国名曰赖丘。有犬戎国①。有神，人面兽身，名曰犬戎。

犬戎

【注释】

①犬戎：传说中的神名。

【译文】

有个名叫赖丘的国家。有个犬戎国。有一位神，他长着人面兽身，名叫犬戎。

犬戎　清　汪绂图本

【原文】

17.29　西北海外，黑水之北[1]，有人有翼，名曰苗民[2]。颛顼生驩头[3]，驩头生苗民，苗民厘姓，食肉。有山名曰章山。

【注释】

①黑水：水名，可能在今甘肃境内。

②苗民：三苗国的国民。

③驩（huān）头：谨头。

苗民

苗民　明　蒋应镐绘图本

【译文】

在西北海的外面，黑水的北面，有一种人身上长着翅膀，名叫苗民。颛顼生了头，头生了苗民，苗民都以厘为姓，以肉为食。有一座山名叫章山。

【原文】

17.30　大荒之中①，有衡石山、九阴山、洞野之山②，上有赤树，青叶赤华，名曰若木。

【注释】

①大荒：最荒远的地方。

②洞（jiǒng）野之山：洞野山。

【译文】

最荒远之地中，有衡石山、九阴山、洞野山，山上生长着一种红色树，它的叶子是青色的，花朵是红色的，名叫若木。

【原文】

17.31　有牛黎之国。有人无骨，儋耳之子①。

【注释】

①儋（dān）耳：儋耳国。

【译文】

有个牛黎国。国中的人身上没有骨头，他们是儋耳的后裔。

【原文】

17.32　西北海之外，赤水之北，有章尾山。有神，人面蛇身而赤，直目正乘①，其瞑乃晦②，其视乃明③，不食不寝不息，风雨是谒④。是烛九阴⑤，是谓烛龙。

【注释】

①直目：眼睛竖着长。

②瞑：闭眼。晦：夜晚。

③视：睁眼。

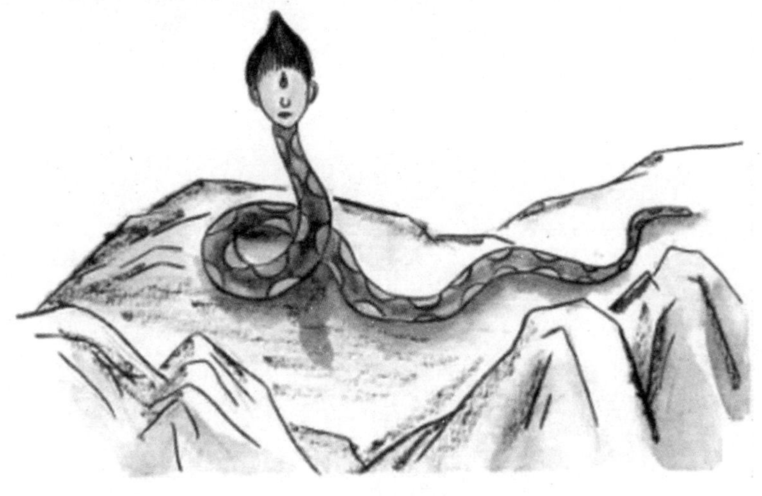

烛龙

④谒："噎"的假借音。噎，这里是吞食、吞咽的意思。

⑤烛：照亮。九阴：幽渺之地。

【译文】

在西北海的外面，赤水的北岸，有一座章尾山。山中有一位神，他长着人一样的脸，蛇一样的身子，全身都是红色的，眼睛竖着长，他把眼睛闭上，天下就会变成黑夜；睁开眼睛，天下就会变成白昼。他不吃饭、不睡觉、不呼吸，能吞食风雨。他能把幽渺之地照亮，他就是烛龙。

山海经地理古今考	《山海经》中名称	今　考
	黑　水	可能是今甘肃的疏勒河
	九阴山	可能是今内蒙古的阴山

第十八卷　海内经

　　《海内经》中记载的国家山川几乎遍布中华大地，包括我国西北的新疆、甘肃、青海，长江以南的四川、湖南、贵州，以及中原的河北等地。

海内经

【导读】

　　《海内经》中记载了许多奇异的神话传说，如华胥踏巨人足印生伏羲的故事、伏羲与女娲结合繁衍人类的故事。《山海经》最后以大禹治水、分定九州的故事作结，用历史现实向我

们说明，这不仅是一部想象力非凡的神话著作，更可看做是一部上古时期真实的历史及地理巨著，对今人研究上古史具有重要的价值。

【原文】

18.1　东海之内[1]，北海之隅[2]，有国名曰朝鲜、天毒[3]，其人水居，偎人爱之[4]。

【注释】

[1]东海：水名，包括今天的黄海、渤海。

[2]北海：今渤海。

[3]天毒：天竺，今印度。

[4]偎人：人与人挨在一起。

【译文】

在东海之内，北海的角上，有两个国家，一个名叫朝鲜，一个名叫天毒，这里的人靠水而居，人和人紧挨在一起，且相互友爱。

【原文】

18.2　西海之内[1]，流沙之中[2]，有国名曰壑市[3]。

【注释】

[1]西海：水名。一说在今甘肃境内；一说在今新疆境内。

②流沙：古时指中国西北的沙漠地区。

③壑市：我国西北地区。

【译文】

在西海之内，流沙之中，有一个国家，名叫壑市。

【原文】

18.3　西海之内①，流沙之西②，有国名曰泛叶。

【注释】

①西海：水名。一说在今甘肃境内；一说在今新疆境内。

②流沙：古时指中国西北的沙漠地区。

【译文】

在西海之内，流沙的西面，有一个国家名叫泛叶。

【原文】

18.4　流沙之西，有鸟山者①，三水出焉②。爰有黄金、璇瑰、丹货、银、铁③，皆流于此中。又有淮山，好水出焉④。

【注释】

①鸟山：在今新疆境内。

②三水：三条河流。

③璇瑰：美玉名。丹货：铅汞之类的物质。

④好水：水名。一说在今甘肃境内；一说在今新疆境内。

【译文】

在流沙的西边，有一座鸟山，三条河流从这座山上流出。这里有黄金、璇瑰、丹货、银、铁，且全部产于这三条水中。还有一座淮山，好水发源于此山。

山海经地理古今考	《山海经》中名称	今 考
	西 海	据说是今甘肃的居延海或者今新疆的罗布泊
	淮 山	一说是祁连山、昆仑山的古称；一说是今新疆境内的恒山
	好 水	一说是今甘肃的疏勒河；一说在今新疆境内

【原文】

18.5　流沙之东①，黑水之西，有朝云之国、司彘之国②。黄帝妻雷祖③，生昌意。昌意降处若水④，生韩流。韩流擢首、谨耳、人面、豕喙、麟身、渠股、豚止⑤，取淖子曰阿女⑥，生帝颛顼⑦。

【注释】

①流沙：古时指中国西北的沙漠地区。

②朝云之国：朝云国，国名。司彘之国：司彘国，国名。

③黄帝：传说是中原各族的祖先，姬姓，少典之子，号轩辕氏、有熊氏。雷祖：嫘祖，传说为西陵氏之女，黄帝的正妃。

④降：流放。若水：今四川雅砻江。

韩流

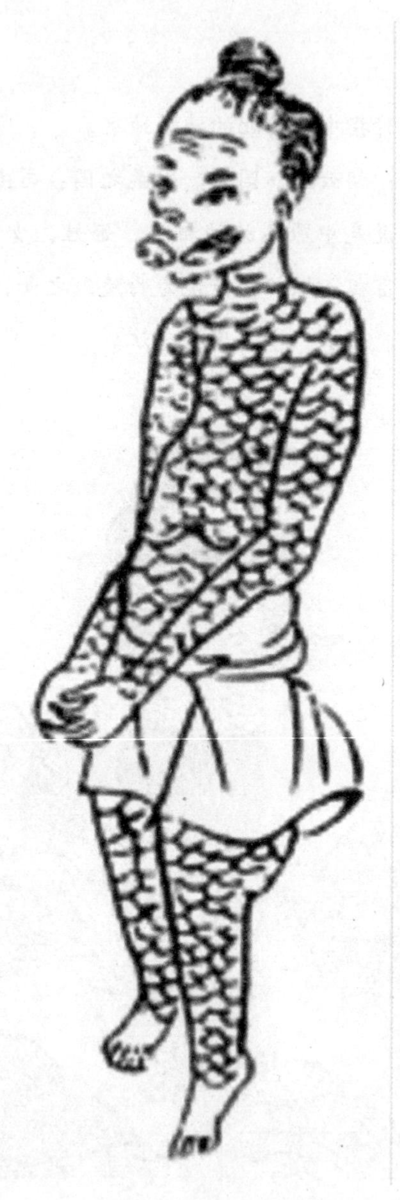

韩流　明　蒋应镐绘图本

⑤擢（zhuó）首：引拔，耸起。这里指物体因吊拉变成长竖形的样子。谨：慎重细心。这里是细小的意思。豕：猪。渠股：罗圈腿。止：足。

⑥淖（zhuō）子：蜀山氏之女。

⑦颛顼：号高阳氏，相传为黄帝之孙、昌意之子，生于若水，居于帝丘。

【译文】

在流沙的东面，黑水的西岸，有朝云国和司彘国。黄帝之妻雷祖生下了昌意。后来昌意被贬到若水，在那里生下了韩流。韩流长着细长的脑袋、小小的耳朵，有人一样的脸、猪一样的嘴、麒麟一样的身子、罗圈腿、猪一样的蹄子，他娶了一位阿蜀山氏的女儿名叫阿女，这位女子生下了帝颛顼。

【嫘祖始蚕】

嫘祖，一作"雷祖"，相传是中国远古时代的帝王黄帝的妻子。她生了玄嚣、昌意两个儿子。玄嚣的儿子为蟜极，其孙为五帝之一的帝喾；昌意娶蜀山氏女为妻，生高阳，继承天下，这就是五帝之一的颛顼。嫘祖勤劳、贤惠，她不仅操持家务，还帮助黄帝处理国家大事，而其最大的功劳就是教会了老百姓养蚕、治丝，因此《史记》中有"嫘祖始蚕"的说法。

相传，在嫘祖养蚕、治丝以前，人们身上所穿的是麻制的衣服。这种衣服又硬又重，颜色也不够光鲜。这时，大地上有一个蚕神，它每天都爬到大桑树上，不停地吐着银白闪光的细丝，但是人们却不知道利用它来做衣服。有一次，黄帝打了大胜仗，老百姓都前来庆贺，而蚕神也把吐的丝作为礼物献给黄帝。黄帝把蚕丝交给妻子嫘祖，嫘祖看到蚕丝轻若浮云，柔似流水，就将其织成绢，然后做成衣服。嫘祖觉得用蚕丝作成的衣服既好看又舒服，于是试着养蚕。嫘祖每天采摘桑叶，精心喂养这些蚕蛹。蚕蛹慢慢长大，吐出很多蚕丝，嫘祖把这些蚕丝织成绢然后做成衣服。老百姓看到嫘祖养蚕、织绢，也纷纷仿效，嫘祖就把这方面的技术传授给百姓。这样，养蚕便在中国盛行起来。

其实，养蚕和纺织丝绸是古代先民在长期劳动中的创造，并不是由哪一个人发明创造出来的。流传几千年的"嫘祖养蚕"的传说，歌颂了古代先民的勤劳与智慧，嫘祖实际上就是勤劳与智慧的化身。

【原文】

18.6　流沙之东[①]，黑水之间，有山名不死之山。

【注释】

①流沙：古时指中国西北的沙漠地区。

【译文】

在流沙的东边，黑水流经的地方，有一座山名叫不死山。

【原文】

18.7　华山青水之东[1]，有山名曰肇山。有人名曰柏高，柏子高上下于此，至于天。

肇山

【注释】

①华山：山名。一说指今四川青城山；一说指岷山。青水：水名。

【译文】

华山和青水的东边，有座山名叫肇山。山上有位名叫柏高的人，柏高由这里上下，可以升到天上去。

【原文】

18.8　西南黑水之间，有都广之野[1]，后稷葬焉[2]。爰有膏菽、膏稻、膏黍、膏稷[3]，百谷自生，冬夏播琴[4]。鸾鸟自歌[5]，凤鸟自儛[6]，灵寿实华[7]，草木所聚。

爰有百兽，相群爰处。此草也，冬夏不死。

【注释】

①都广：地名。一说在今成都一带。

②后稷：周族的始祖，名弃。虞舜命为农官，教民耕稼。

③膏：形容味美如油脂。菽：豆类的总称。

④播琴：播种。

⑤鸾鸟：传说中凤凰一类的鸟。

⑥凤鸟：雄凤凰。儛：跳舞。

⑦灵寿：木名。

【译文】

在西南方黑水流经的地方，有一个都广野，后稷死后就埋葬于此。这里出产味美如膏的豆类、稻、黍和稷，各种谷物于此处自然生长，无论冬夏都能播种。鸾鸟在这片土地上自由地歌唱，凤鸟正自在地起舞，灵寿木开花结果，各种草木聚集在这里生长。这里有各种各样的野兽，它们成群聚居在一起。这里生长的草，无论冬夏都不会死。

【原文】

18.9　南海之外①，黑水青水之间，有木名曰若木，若水出焉②。

【注释】

①南海：所指不定，先秦时指东海或泛指南方民族的居住地，或指南方的一个海域；西汉后指今南海。

②若水：今四川雅砻江。

【译文】

在南海的外面，黑水和青水之间，生长着一种树名叫若木，若水发源于此。

【原文】

18.10　有禺中之国①。有列襄之国②。有灵山，有赤蛇在木上，名曰蠕蛇，木食。

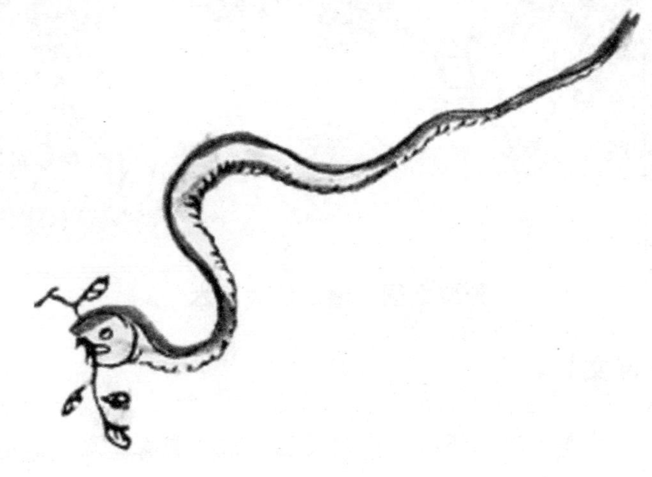

蠕蛇

【注释】

①禺中之国：禺中国，国名。

②列襄之国：列襄国，国名。

列襄之国　清　汪绂图本

【译文】

有一个禺中国。还有一个列襄国。这一带有座灵山，山中的树木上有一种红色的蛇，名叫蠕蛇，它以树木为食物。

【原文】

18.11　有盐长之国[①]。有人焉，鸟首，名曰鸟氏。

【注释】

①盐长之国：盐长国。国名。

鸟氏

鸟氏　清　汪绂图本

【译文】

有个盐长国。有一种人，长着鸟一样的头，名叫鸟氏。

山海经地理古今考	《山海经》中名称	今　考
	禺中之国	据说在今重庆市
	列襄之国	可能在今四川省贵州边境

【原文】

18.12　有九丘，以水络之①，名曰陶唐之丘、有叔得之丘、孟盈之丘、昆吾之丘、黑白之丘、赤望之丘、参卫之丘、武夫之丘、神民之丘②。有木，青叶紫茎，玄华黄实③，名曰建木，百仞无枝④，上有九欘⑤，下有九枸⑥，其实如麻，其叶如芒⑦，大暤爰过⑧，黄帝所为⑨。

【注释】

①络：环绕。

②有：为衍文。

③玄：黑色。

④仞：古代以八尺或七尺为一仞。

⑤欘（zhǔ）：树枝弯曲。

⑥枸（gōu）：盘错的树根。

⑦芒：传说中的木神，身穿白色的衣服。

⑧大皞（hào）：伏羲氏。传说中的帝王。

⑨黄帝：传说是中原各族的祖先，姬姓，少典之子，号轩辕氏、有熊氏。

【译文】

有九座山丘，它们的周围有水环绕，这九座丘分别是：陶唐丘、叔得丘、孟盈丘、昆吾丘、黑白丘、赤望丘、参卫丘、武夫丘、神民丘。丘上生长着一种树，叶子呈青色，茎干呈紫色，开黑色的花朵，结黄色的果实，名叫建木，它高达百仞，不长树枝，在顶端有九根弯曲的树枝，在下面有九条盘错的树根，它结的果实像麻的果实，叶子则与芒叶相似，当年太昊就是凭借建木登上了天，这种树是由黄帝亲自种植的。

【大皞】

大皞又作太昊，就是传说中的伏羲氏。伏羲氏的母亲华胥在雷泽之滨看到一个巨大的脚印，因好奇踩了上去，结果受孕生下了伏羲。

伏羲是人类文明的始祖，有着超人的智慧。他结绳为网，教民捕鱼打猎。他还仰观天象，研究日月星辰的运行；俯察大地，观察山河走向及各类植物生长情况，用一种数学符号归纳出了万事万物的变化特性，从而创制了八卦。八卦可以推演出许多事物的变化，预卜事物的发展，是宇宙间一个高级的"信息库"。

【原文】

18.13　有窫窳①，龙首，是食人。有青兽，人面，名曰猩猩。

【注释】

①窫（yà）窳（yǔ）：猰貐。传说中的一种兽。

【译文】

有一种野兽，名叫窫窳，它长着龙一样的脑袋，能吃人。还有一种青色的野兽，长着人一样的脸，名叫猩猩。

【原文】

18.14　西南有巴国①。大暤生咸鸟②，咸鸟生乘厘，乘厘生后照，后照是始为巴人③。

【注释】

①巴国：古国名，在今重庆、湖北交界地带。

②大暤：伏羲氏，传说中的帝王。

③始为巴人：（后照）是巴人的祖先。

【译文】

西南方有个巴国。大暤生了咸鸟，咸鸟生了乘厘，乘厘生了后照，后照就是巴国人的祖先。

【禀君与盐水神女】

巴国位于西南地区，这里还没有统一的时候，居住着五个氏族，分别是：巴氏、樊氏、曋氏、相氏、郑氏。最初，五族人有各自崇拜的鬼神，也有各自的地盘，但常常为了一点小事儿互相争斗。时间久了，众人都觉互相争斗下去没有益处，于是各族各自派出一个有威望的人商量对策，最后决定让推举出的人各自展示神通本领，谁获胜了，就拥谁为王，做五族人唯一的首领。

巴族选出了英雄务相作为代表，参加这次氏族之间的首领选举活动。比赛开始的那天，第一个项目是掷剑。五个选手并排站在山顶上，手里各拿着一把短剑。他们需要向对面山崖的洞穴掷去，谁的箭掷到洞穴中，谁就算获胜。比赛开始，参赛者都用力把手中的箭抛向对面的山崖，另外四个氏族选手的箭中途纷纷落入了山涧，唯有务相的箭像疾鸟一样，飞进了山崖洞穴里。五族的人齐声欢呼。第二个项目是坐花雕土船。族人事先用泥土做好了船，停在河岸边。五个人中谁能把船驶到对岸而沉不下去，就能做氏族的首领了。船被推下河去，四族的土船，行驶不到中流，都先后沉没到河里，唯有务相驾驶的土船，顺着河流，一直到达对岸。两项比赛都是务相获胜，五族人民拥戴务相做了他们的首领，称呼他为"禀君"。

禀君为了使五族的人民生活更加美好，就带领他们顺着夷

水，沿江而下，寻找食物更丰盛、气候更宜人的地方居住。到了盐阳这个地方，遇到了在盐水中生活的美丽女神。他与女神互相爱慕，但是想起自己还有未完成的理想，所以就决定离开。盐水女神深情挽留，禀君却是志在四方，不顾女神的挽留，执意要离开。女神无奈，只好化作小虫在空中飞舞，想要陪伴他左右。第二天，禀君整理好队伍，刚要出发，只见天空一片昏暗，他与族人辨不清方向，只好留下来了。原来，附近的精灵同情女神，纷纷变成小虫飞舞在她周围，谁知，小虫越聚越多，竟把太阳也遮住了。这样一连七日，禀君还是决定离开，于是他无奈地解下身上一条绿色腰带，交给女神说："我将来还会再回来与你相聚，这腰带就是我们的爱情信物，你要好好珍藏。"

女神万分感动，把腰带围在身上。第二天，她又化为飞虫在空中飞舞，绿色的腰带也随她在天空飘荡。

天空重新明亮起来，禀君带领五族人再次启程，最后终于找到了一片肥沃的土地，在这里建立了国家，就是巴国。

【原文】

18. 15　有国名曰流黄辛氏，其域中方三百里，其出是尘土[1]。有巴遂山，渑水出焉。

【注释】

[1]尘土：应是"麈"字之讹，鹿一类的动物。

【译文】

有个国家名叫流黄辛氏，这个国家方圆三百里，这里生活着一种大鹿。有一座巴遂山，渑水就发源于这座山。

【原文】

18.16　又有朱卷之国[①]。有黑蛇，青首，食象。

黑蛇

【注释】

①朱卷之国：朱卷国，国名。

【译文】

还有一个朱卷国。国中有一种黑色的蛇，它长着青色的脑袋，能够吞食大象。

黑蛇

【原文】

18.17　南方有赣巨人[1]，人面长臂，黑身有毛，反踵[2]，见人笑亦笑，唇蔽其面，因即逃也[3]。

【注释】

①赣巨人：枭阳国人。

②踵：脚后跟。

③因：趁。

【译文】

南方有一种赣巨人，他们长着人一样的脸，手臂长长的，全身黑色，身上长满了毛，脚跟长在前面，他们会吃人，看见人笑他也笑，笑的时候长长的嘴唇遮住了脸，人可以趁机逃走。

【原文】

18.18　　又有黑人，虎首鸟足，两手持蛇，方啖之[①]。

黑人

黑人　明　胡文焕图本

【注释】

①啖（dàn）：吃。

【译文】

还有一种浑身皆呈黑色的人，长着虎一样的脑袋，鸟一样的脚，两手拿着蛇，正在那里吃蛇。

【原文】

18.19　有赢民①，鸟足。有封豕②。

【注释】

①赢民：传说中的国名或部族名。

②封豕：大猪。

赢民

赢民　清　汪绂图本

【译文】

有一个赢民国，那里的人都长着鸟一样的脚。国中还有一种大猪。

【原文】

18.20　有人曰苗民。有神焉，人首蛇身，长如辕①，左右有首，衣紫衣，冠旃冠②，名曰延维，人主得而飨食之③，伯天下④。

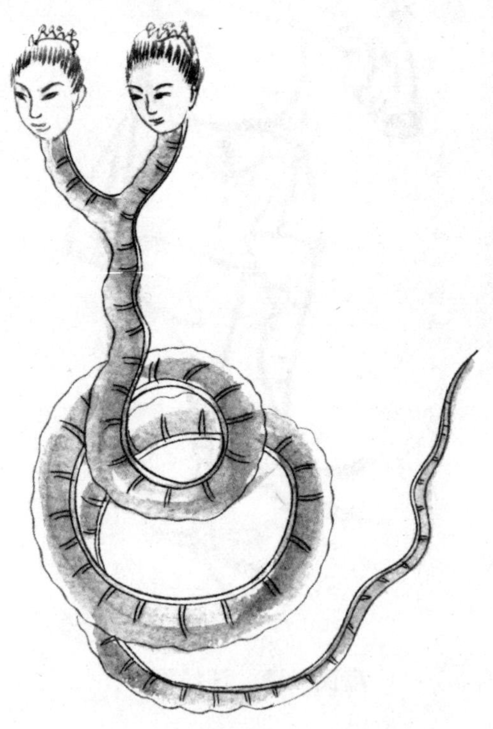

延维

【注释】

①辕：车辕，车前驾畜生的部分。

②旃（zhān）：同"毡"。

③飨：祭祀。

④伯：通"霸"。

延维　清　汪绂图本

【译文】

有一种人名叫苗民。有一位神，长着人一样的头，蛇一样的身子，身长如车辕，左右两边各长着一个脑袋，穿紫色的衣服，头戴红色的帽子，名叫延维，哪个国君若是能得到他并祭祀他，就能称霸天下。

山海经地理古今考	《山海经》中名称	今 考
	巴 国	在今重庆、湖北交界地带
	渑 水	可能是今天的金沙江

【原文】

18.21　有鸾鸟自歌①，凤鸟自舞②。凤鸟首文曰德，翼文曰顺，膺文曰仁③，背文曰"義"，见则天下和。

【注释】

①鸾鸟：传说中凤凰一类的鸟。

②凤鸟：雄凤凰。

③膺：胸。

【译文】

鸾鸟在自由地歌唱，凤鸟在自在地起舞。凤鸟头上有似"德"字的花纹，翅膀上有似"顺"字的花纹，胸部有似"仁"字的花纹，背部有似"義"字的花纹，只要这种鸟一出现，天下就会出现太平。

【原文】

18.22　又有青兽如菟[1]，名曰菌狗。有翠鸟，有孔鸟[2]。

【注释】

①菟：同"兔"。
②孔鸟：孔雀。

【译文】

还有一种形状像兔子的青兽，名叫菌狗。还有翠鸟、孔雀。

菌狗

菌狗　清　《禽虫典》本

【原文】

18.23　南海之内①，有衡山②，有菌山，有桂山。有山名三天子之都③。

【注释】

①南海：所指不定。先秦时指东海或泛指南方民族的居住地，或指南方的一个海域；西汉后指今南海。

②衡：今南岳衡山。

③三天子都：山名，三天子鄣山。

【译文】

在南海之内，有衡山、菌山、桂山。还有一座山名叫三天子都。

【原文】

18.24　南方苍梧之丘①，苍梧之渊，其中有九嶷山②，舜之所葬③，在长沙零陵界中。

【注释】

①苍梧：古地区名。

②九嶷（yí）山：山名，在今湖南宁远南。

③舜：上古帝王，有虞氏，姓姚，名重华。

九嶷山

【译文】

南方有一座苍梧丘，（丘的附近）有一个苍梧渊，它们之间有一座九嶷山，这里是帝舜死后埋葬的地方，位于长沙零陵境内。

【原文】

18.25　北海之内[1]，有蛇山者，蛇水出焉，东入于海。有五采之鸟[2]，飞蔽一乡，名曰翳鸟。又有不距之山[3]，巧倕葬其西[4]。

【注释】

[1]北海：水名。

[2]五采之鸟：羽毛五彩斑斓的鸟。

[3]不距之山：不距山。

④倕（chuí）：相传是上古帝尧时代一位灵巧的工匠。

翳鸟

翳鸟　清　汪绂图本

【译文】

北海之内有座山，名叫蛇山，蛇水发源于这座山，向东流入大海。山中有一种五彩斑斓的鸟，它们在空中成群飞翔，能遮住一个地区的上空，名叫翳鸟。又有一座不距山，工匠巧倕就埋葬在这座山的西边。

【原文】

18.26　北海之内[1]，有反缚盗械、带戈常倍之佐[2]，名曰相顾之尸。

【注释】

①北海：水名。

②盗械：指械盗之具。倍：通"背"，背叛。佐：辅佐帝王的人。

【译文】

在北海之内，有一个被反绑着械盗之具、身上带着戈经常叛逆的臣子，名叫相顾尸。

【原文】

18.27　伯夷父生西岳[1]，西岳生先龙，先龙是始生氐羌[2]，氐羌乞姓。

【注释】

①伯夷父：人名。

②氐（dī）羌：我国古代少数民族氐族和羌族。

【译文】

伯夷父生下了西岳，西岳生下了先龙，先龙是氐羌族的始

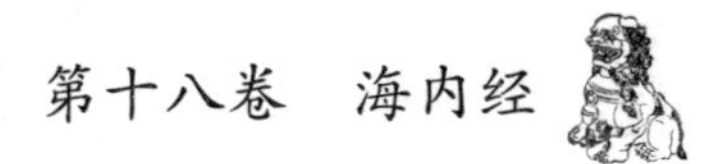

祖，族中的人都姓乞。

【原文】

18.28　北海之内①，有山名曰幽都之山②，黑水出焉。其上有玄鸟、玄蛇、玄豹、玄虎、玄狐蓬尾③。有大玄之山④。有玄丘之民。有大幽之国⑤。有赤胫之民⑥。

【注释】

①北海：水名，可能是今贝加尔湖。

②幽都之山：幽都山，可能在今山西、河北北部，包括燕山及其北诸山。

③玄：黑色。蓬：蓬松。

④大玄之山：大玄山。

⑤大幽之国：大幽国。

⑥赤胫：小腿呈红色。

【译文】

北海之内有一座山，名叫幽都山，黑水发源于此山。山上有黑色的鸟、黑色的蛇、黑色的豹、黑色的老虎、尾巴蓬大的黑色狐狸。有大玄山。有玄丘民。这一带有个大幽国。有小腿呈红色的居民。

【原文】

18.29　有钉灵之国[1]，其民从膝已下有毛，马蹄，善走。

【注释】

[1]钉灵之国：钉灵国，其国人是高车、回纥的先民。

【译文】

有一个钉灵国，这个国家的人自膝盖以下都长着毛，还长着马一样的蹄子，擅长奔跑。

【原文】

18.30　炎帝之孙伯陵[1]，伯陵同吴权之妻阿女缘妇[2]，缘妇孕三年，是生鼓、延、殳。殳始为侯[3]，鼓、延是始为钟，为乐风[4]。

【注释】

[1]炎帝：上古姜姓部落的首领，号烈山氏。

[2]同：指男女通奸。

[3]侯：箭靶。

[4]乐风：指乐曲的格式。

【译文】

炎帝的孙子名叫伯陵，伯陵与吴权的妻子阿女缘妇私通，阿女缘妇怀孕三年，这才生下了鼓、延和殳。殳最先发明制作了箭靶，鼓和延发明了乐器钟，创制了乐曲的格式。

【原文】

18.31　黄帝生骆明[1]，骆明生白马，白马是为鲧。

【注释】

[1]黄帝：传说是中原各族的祖先，姬姓，少典之子。

【译文】

黄帝生了骆明，骆明生了白马，白马就是鲧。

【原文】

18.32　帝俊生禺号[1]，禺号生淫梁，淫梁生番禺，是始为舟。番禺生奚仲[2]，奚仲生吉光，吉光是始以木为车。

【注释】

[1]帝俊：一说指帝舜；一说指颛顼。

[2]奚仲：传说中发明制造车的人。

【译文】

帝俊生了禺号，禺号生了淫梁，淫梁生了番禺，番禺发明了船。番禺生了奚仲，奚仲生了吉光，吉光最早用木头制车。

【原文】

18.33　少暤生般①，般是始为弓矢。

【注释】

①少暤：少昊，相传是黄帝之子，是远古时羲和部落的后裔，华夏部落联盟的首领，同时也是东夷族的首领。

【译文】

少暤生了般，般发明了弓和箭。

【原文】

18.34　帝俊赐羿彤弓素矰①，以扶下国，羿是始去恤下地之百艰②。

【注释】

①羿：后羿。彤：红色。矰（zēng）：古代射鸟用的拴着丝绳的短箭。

②恤：救济。

后羿

后羿

【译文】

帝俊把红色的弓、系着丝绳的白色短箭赏赐给了后羿，让他去扶助下界的国家，后羿于是到地上去帮助人们应对各种艰难困苦。

【原文】

18.35　帝俊生晏龙[1]，晏龙是始为琴瑟。

【注释】

[1]帝俊：一说指帝舜；一说指颛顼。

【译文】

帝俊生了晏龙，晏龙发明了琴和瑟。

【原文】

18.36　帝俊有子八人，是为歌舞。

【译文】

帝俊生了八个儿子，他们创制了歌舞。

【原文】

18.37　帝俊生三身[1]，三身生义均，义均是始为巧

倕^②，是始作下民百巧。后稷是播百谷。稷之孙曰叔均，是始作牛耕。大比赤阴^③，是始为国。禹、鲧是始布土^④，均定九州^⑤。

【注释】

①三身：指三身国的祖先。

②倕（chuí）：古代相传的巧匠名。

③大比赤阴：人名。可能是后稷的生母姜嫄。

④布：施予，施行。土：土工，治河时填土、挖土的工程。

⑤九州：相传大禹治理了洪水以后，把中原划分为九个行政区域，就是九州。

【译文】

帝俊生了三身，三身生了义均，义均是最早的巧匠，他为下界之民发明了各种巧妙的工艺和技术。后稷最早播种百谷。后稷的孙子名叫叔均，叔均发明了用牛耕田的方法。大比赤阴，开始受封而建国。禹和鲧开始挖掘泥土治理洪水，度量划定九州。

【原文】

18.38　炎帝之妻、赤水之子听訞生炎居^①，炎居生节并，节并生戏器，戏器生祝融。祝融降处于江水^②，生共工。共工生术器，术器首方颠^③，是复土壤^④，以处江水。共工生后土，后土生噎鸣，噎鸣生岁十有二⑤。

【注释】

①炎帝：上古姜姓部落的首领，号烈山氏。赤水：一说指部族民；一说指黄河。

②降：流放。江水：指长江。

③首方颠：头顶是方形。

④穰（ráng）：丰收。

⑤生岁十有二：指把一年划分为十二个月。

【译文】

炎帝的妻子、赤水的女儿听䜣生了炎居，炎居生了节并，节并生了戏器，戏器生了祝融。祝融被放逐到了长江岸边，生下了水神共工。共工生了术器，术器的脑袋呈方形，他最早通过翻耕土地的方法使农作物丰收，并到长江岸边居住。共工生了后土，后土生了噎鸣，噎鸣把一年划分为十二个月。

【原文】

18.39　洪水滔天，鲧窃帝之息壤以堙洪水①，不待帝命。帝令祝融杀鲧于羽郊②。鲧复生禹③。帝乃命禹卒布土④，以定九州。

【注释】

①鲧：传说中的人物。姓姬，字熙。黄帝的后代，大禹之

父。息壤：传说中一种能自己生长、永不耗减的土壤。堙（yīn）：堵塞。

②祝融：传说中楚国君主的祖先，名重黎，是颛顼的后代，传说中的火神。羽郊：羽山之郊。

③复：通"腹"。

④布：施予，施行。土：土工，治河时填土、挖土的工程。

【译文】

大地上四处都是洪水，鲧没有经过天帝同意，偷了天帝的息壤来堵塞洪水。天帝派祝融把鲧杀死在羽山的郊野。鲧死之后，从他腹中诞生了禹。天帝于是命令禹治理洪水，禹最终以土工扼制了洪水，并划定了九州。

凤凰在中国来说，是一种代表幸福的灵物。它的原形
有很多种。如锦鸡、孔雀、鹰鹫、鹘、玄鸟（燕子）
等等……又有说是佛教大鹏金翅鸟变成的。朱为赤色，
像火，南方属火，故名凤凰。它也有从火里重生的特
性，和西方的不死鸟一样，故又叫火凤凰。

横公鱼

第十九卷 《海内经》探源

中国先秦四大经典奇书之首
——《山海经》

在中国古代有许多称之为"经"的典籍，"经"字原指纺织丝绸面料时的纵丝，经典的"经"字指订书（把竹简编在一起）的线。凡是号称"经"的著作，通常都指带有原理原则性质的经典著作，后来又逐渐延伸指具有学问知识体系的著作，以及专指儒家学术典籍。但是，学术界对《山海经》书名里的"经"字却有着不同的理解，例如袁珂认为"《山海经》之'经'乃'经历'之'经'，意谓山海之所经，初非有'经典'之义。"大体而言，《山海经》书名的意思有两层：一是"关于山和海的经典之作"，二是"关于山和海的考察之作"；其中"山"泛指陆地，"海"泛指水域。

中国古代著名的称之为"经"的典籍有《山海经》、《易经》、《书经》（尚书）、《甘石星经》（已佚）、《诗经》、《道德经》、《黄帝内经》、《墨经》（墨子），后人亦称《庄子》为《南华经》。《庄子·天运》记有"孔子谓老聃曰，丘治《诗》、《书》、《礼》、《乐》、《易》、《春秋》六经"（其中《乐经》已佚）。此后，儒家的经书扩展为十三经，即《易》、《书》、

《诗》、《周礼》、《仪礼》、《礼记》、《春秋左传》、《公羊传》、《谷梁传》、《论语》、《孟子》、《孝经》、《尔雅》。

此外，东汉学者扬雄参照《易经》二进制符号体系，著有《太玄经》，在人类历史上首次创建三进制符号体系。东汉学者桑钦著有《水经》一书，北魏学者郦道元参照《山海经》、《禹贡》等古籍并实地考察增加大量内容著成《水经注》一书流传至今（晋代学者郭璞亦撰有《水经注》，可惜失传）。另外古代还有《神农本草经》、《神异经》、《世经》、《茶经》等，而"经"字亦用于指称外国经典著作，例如《圣经》、《古兰经》等。

在中国古代著名的经典之作里，《山海经》、《易经》、《道德经》、《黄帝内经》号称中国先秦经典四大奇书。《易经》之奇在于用二进制符号体系描述、解释宇宙万物，始创者是中华民族人文始祖伏羲，继创者是周文王。周朝初年，周公在上述基础上制定出一部"社会行为规范手册"——《易经》，内容共计有64条（六十四卦辞）、386款（三百八十六爻辞）。

《道德经》之奇在于这是中国历史上第一部个人专著，曾任东周国家图书馆馆长的大思想家老聃，仅用五千言就揭示出宇宙的奥秘（道生一、一生二、二生三、三生万物）和人类社会管理的最高境界（无为而治）。

《黄帝内经》之奇在于根据天地四时变化论述人体生命运转之奥妙，为中华民族传统医学奠定了深厚的理论基础，被后世尊为"医家之宗"。《汉书·艺文志·方技略》记载有《黄帝内经》和《黄帝外经》，而《黄帝外经》早已失传。如今流传下来的《黄帝内经》一书包括《素问》、《灵枢》两大部分内容，各自相对独立成篇；或许，《素问》原本就是《黄帝内经》，而《灵枢》原本正是《黄帝外经》。

对比之下，最奇的书还是要数中华远古文明第一宝典《山海经》，它也是记录人类远古文明的非物质文化遗产。《山海经》之奇在于记述的内容弘伟瑰奇，而在瑰奇中又蕴藏着丰富而真实的其他古籍未见的远古文明信息；但是，如何正确地解读其中蕴含的远古文明信息，却并不是一件容易的事情，以致《山海经》长期以来被人们视为最难读懂的"天书"。这是因为，《山海经》不仅内容瑰奇，同时还有着诸多的千古未解之谜：《山海经》的作者、编者是谁？众说纷纭；《山海经》成书于何时何地？众说纷纭；《山海经》记述的远古文明活动区域在今天的什么地方？众说纷纭；《山海经》究竟是一部什么性质的书？仍然是众说纷纭！

《山海经》研究的基本概念

在《山海经》一书的文字里，以及在山海经研究（包括中国古代史研究）的过程中，会涉及许多基本概念，由于这些基本概念往往是附着在已有词汇或常见词汇上，为了准确把握这些基本概念，有必要对这些基本概念进行名词解释。

1. 山

考察地的通称，既可指山脉、山区、山地、山峰，也可指岛屿、沙丘，以及人造景观（例如祭祀场所）。

2. 海

大面积、深水区域的通称，包括大湖泊、海、海洋。对比之下，"泽"通常指沼泽、湿地、浅水湖泊。此外，"海"又可代指远方。

3. 经

考察经历的记录，更正式的说法是指考察报告。

4.《山海经》主要版本

①原版《山海经》，编纂者王子朝、老聃，公元前 6 世纪，已失传。

②刘版《山海经》，整理者刘秀（刘歆），公元前 1 世纪，

已失传。

③郭版《山海经》，整理者郭璞，公元 4 世纪，已流传至 21 世纪。

5.《五藏山经》

按例应作"山藏五经"，意思是关于山脉资源的五大区域的考察记录或考察报告，其地理中心在实施考察期间的帝禹朝代的首都。撰稿人禹、伯益、大章、竖亥等。

6.《海外四经》

夏朝及其四个外围区域的考察记录或考察报告，其相对地理中心取决于撰稿人生活时段的夏朝政治中心所在地。撰稿人夏朝史官或夏王室图书馆典籍管理者。

7.《大荒四经》

商朝及其四个外围区域的考察记录或考察报告，其相对地理中心取决于撰稿人生活时段的商朝政治中心所在地。撰稿人商朝史官或商王室图书馆典籍管理者。

8.《海内四经》

周朝及其四个外围区域的考察记录或考察报告，其相对地理中心取决于撰稿人生活时段的周朝政治中心所在地。撰稿人周朝史官或周王室图书馆典籍管理者。

9.《海内经》

东周及其周边地区的考察记录或考察报告，其相对地理中心取决于撰稿人生活时段的东周政治中心所在地。撰稿人东周史官或东周王室图书馆典籍管理者。《海内四经》与《海内经》可以并称为《海内五经》。

10. 海外、大荒、海内

①海外、大荒、海内均为时空概念，意思是历史上的远方的。

②相较而言，"海外"比"海内"的年代要更久远，"大荒"比"海外"、"海内"的距离要更遥远。

11. 四海

①东海：泛指位于记述者所在地东方的大面积水域，具体可指今日中国的东海和黄海，以及太平洋。

②南海：泛指位于记述者所在地南方的大面积水域，具体可指今日中国的南海，以及太平洋南部水域。

③西海：泛指位于记述者所在地西方的大面积水域，具体可指今日中国西部地区的大湖泊，以及中亚、西亚、欧洲的大湖泊（例如里海、黑海等），还可指大西洋。

④北海：泛指位于记述者所在地北方的大面积水域，以及上述区域历史上曾经存在过、后来已经消失的大湖泊。此外，还可指历史上气温较高时期北冰洋融化的水域。

12. 长度单位

《山海经》使用的长度单位有"里"、"步"、"仞"。

①里："里"是《山海经》使用的距离单位，大量用于《五藏山经》；其具体长度数值不详，约在150—500米之间，多数情况下可能在300米左右。可以参考的是，周、秦、汉时的一里等于415.8米，清光绪时一里等于576米，从1929年至今一里等于500米。

②步："步"是《山海经》使用的距离单位，见于《海外

东经》。中国古代一步是指左脚和右脚各迈一次的距离，该长度与标准身高有关，而标准身高通常是由帝王（包括部落首领）以自己的身高来确定的。例如，"禹步"就是指帝禹所走的步的长度，其数值不详，约在 180 厘米左右。

③仞："仞"是《山海经》使用的高度单位，见于《五藏山经·西山经》。中国古代一仞为八尺。商代一尺为 16.95 厘米，周、秦一尺为 23.1 厘米，目前市尺为 33.3 厘米。先夏时期一尺的长度不详，约在 25 厘米左右；据此推知，先夏时期一仞的长度约在 200 厘米左右。

13. 先夏时期

先夏时期的时间段在公元前 12000 年（暂定）—公元前 2070 年之间，用以取代新石器时代、原始社会、史前时期等不够准确的概念。由于中国先秦古籍的大量遗失（一次是公元前 516 年王子朝与老子把周室典籍密藏地下，另一次是公元前 213 年秦始皇大规模焚书），因此目前难以列出详尽的先夏时期编年表。

14. 部落联盟

由若干部落组成的具有统一领导的族群管理体制，不排除其中有一些部落联盟已经具有国家性质（其主要标志是拥有相当规模的都城，以及具有中央集权性质的管理机构）。部落联盟亦可称为族群、部族、族，例如黄帝部落联盟可以称之为黄帝族。

15. 国

①古国：具有国家性质的中央帝国。

②方国：具有国家性质的地方自治区。

③远方异国：具有国家性质的地方自治区域，或由部落管辖的势力范围，以及由氏族或家族承担的工作。

16. 帝

①炎帝、黄帝、白帝（少昊）、赤帝（蚩尤），均为先夏时期著名的部落联盟首领。其中，黄帝族有都城昆仑，表明其文明已经进入古国阶段；在这种情况下，"黄帝"不仅可以指部落联盟首领，也可以指黄帝古国王朝。

②帝颛顼、帝喾、帝尧、帝丹朱、帝俊、帝鸿、帝舜、帝江、帝台，均为古国或古方国的首领，也可指古国或古方国的王朝。

③炎帝少女、帝女之桑、帝二女，帝喾台、帝尧台、帝丹朱台、帝舜台，帝之搏兽之丘、帝之平圃、帝之囷时、帝之下都、帝之密都、帝都之山、帝休、帝屋、帝困之山、帝困之水、帝苑之水，帝台之石、帝台之棋、帝台之浆，上述均为与古帝有关的人（包括部落）或事物。

17. 神

通常指祖先神，有时也指图腾神、自然神。

18. 鬼

通常指祖先神灵或祖先木乃伊，有时也指热衷于供奉祖先神灵或祖先木乃伊的部落。

19. 尸

通常指尸体，有时也指扮装死者以代替死者接受祭祀的人。

20. 生

①制作出来，发明或发现出来。例如《大荒东经》"羲和

生十日"，意思是羲和发明了十日一句的日历

②繁衍出来，并不一定指父母生育子女。例如《海内经》"帝俊生禺号，禺号生淫梁"，意思是帝俊的后裔有禺号，禺号的后裔有淫梁。

③任命出来，例如《大荒东经》："黄帝生禺虢，禺虢生禺京。禺京处北海，禺虢处东海，是为海神。"意思是黄帝开始任命禺虢为海神，即神权君授或神权祖先授。

21. 子

通常指后裔，但并不一定专指父母与子女。例如《大荒西经》"有国名曰淑士，颛顼之子"，意思是淑士国的居民是颛顼的后裔。有时"父子"亦可指部落联盟大酋长（类似春秋战国时的霸主国）与部落酋长（类似诸侯国）之间的关系。

22. 妻

既指夫妻之妻，亦指通婚的部落、氏族。

23. 兽

通常指哺乳动物，有时也指由人装扮或制作的图腾动物或怪兽。

24. 鸟

通常指会飞的鸟类，其中也包括蝙蝠（属哺乳动物）、蜂类（属昆虫）等；有时也指鸟图腾部落的人，或者承担服务工作的人。

25. 鱼

通常指水生鱼类，其中包括两栖类动物或水生哺乳动物。

26. 错简

　　《山海经》在流传期间，曾长期以竹简为文字载体，而竹简容易从卷章里脱落，编成卷章的绳子也容易断裂，从而造成错简。对于《山海经·五藏山经》来说，有可能是一山的文字用一条竹简，而山与山之间的连接内容并没有上下文的逻辑联系，因此一旦发生错简就难以正确复位。具体来说，《山海经》的错简存在着如下情况：

　　①同一条山脉里的某些山的位置发生前后错位，以及类似的情况。

　　②某一条山脉里的山错放到另一条山脉里，以及类似的情况。

　　③同一条山脉里的若干座山断裂成另一条山脉，以及类似的情况。

　　④某些卷章在《山海经》的位置发生前后变动。

　　⑤某一卷章的内容误放到其他卷章里。

　　⑥其他书的内容误放入《山海经》里，或者反之。

《山海经》的作者、编纂者、整理者

（一）《山海经》的作者

根据研究，《五藏山经》没有记述帝禹时代以后的事情，而《西山经》对河套湖泊的记述与《东山经》对山东半岛被海水分隔的描述，又符合四千多年前我国的地形地貌。《海外四经》记述有夏启的事情，但是没有记述夏代以后的事情。《大荒四经》记述有商王亥的事情，以及殷商族先祖帝俊的事情，但是没有记述商代以后的事情。《海内五经》记述有周代的事情，以及周先祖后稷的事情，并且屡屡追溯远古世系传承关系。据此可知，《山海经》一书是由帝禹时代的《五藏山经》、夏代的《海外四经》、商代的《大荒四经》、周代的《海内五经》四部古籍文献资料合辑而成的。在这种情况下，不能笼统地说谁是《山海经》的作者，而只能说谁是《山海经》某一部分的作者。

具体来说，《五藏山经》的作者是帝禹、伯益、大章、竖亥。理由是《山海经》、《吕氏春秋》、《史记》、《淮南子》等古籍记有帝禹率领环境资源大臣伯益、绘图工程师大章、测绘工程师进行国土资源考察活动，其考察报告即《五藏山经》，其年代与古埃及人开始为法老建造金字塔式陵墓的时间大体相当。

鉴于《山海经》在当时具有很高的实用的政治、经济、军事价值，因此其撰写工作只能是由官方学者承担。又据《吕氏春秋·先识》记载："夏太史终古见桀迷惑，载其图法奔商；商内史向挚见纣迷惑，载其图法奔周。"据此可以推知，《海外四经》的作者为夏代官方学者（出自夏朝史官或夏王室图书馆典籍管理者），其中当有终古。《大荒四经》的作者为商代官方学者（出自商朝史官或商王室图书馆典籍管理者），其中当有向挚。《海内五经》的作者是周代官方学者（出自周朝史官或周王室图书馆典籍管理者），其中当有老子。

老子

（二）《山海经》的编纂者是东周官方学者王子朝、老子

具体而言，《山海经》一书的作者（包括编辑翻译改写者），很可能正是追随王子朝携周室典籍奔楚的原周王室图书馆的官员、学者或其后裔，时在公元前516—前505年间。

公元前520年周景王死后，周王室在继位问题上发生内战，周景王的庶长子王子朝（庶长子）占据王城（洛阳）数年，周景王的嫡次子王子丐（后被立为周敬王）避居泽邑；公元前516年秋冬之际，晋顷公出兵支持王子丐复位（此举得到中原各诸侯国的响应），王子朝遂携周室典籍（应当还有包括九鼎在内的大量周王室青铜礼器）投奔楚国，此事被记录在《左传·昭公二十六年》和《史记》等书中。据《左传·定公五年》记载："五年春，王人杀子朝于楚。"事件发生在公元前505年，但未言及事由和地点。推测此事与周敬王追索周室典籍有关，而王子朝以死拒绝交出典籍。与此同时，老子可能因参与秘藏周室典籍之事，辞职隐居直至终老；事实上，周敬王在位长达44年（死于公元前476年），在此期间，老子是不可能再回到周王室图书档案馆任职的。

鉴于只有王子朝、老子能够直接接触到周王室收藏的历代典籍和文献资料，因此有充足的理由说，《山海经》一书的编纂者是东周官方学者王子朝（？—公元前505年）、老子（公元前592—？年）及其助手，他们在《山海经》一书的编纂过程中，注入了其思想理念和政治诉求。《山海经》一书编纂完成后，其正本与其他周室典籍一起被王子朝密藏地下或山中，而其副本则被王子朝作为见面礼送给楚王，后世所见《山海经》均源出自此，而由王子朝、老子编纂的原版《山海经》则已失传。

由王子朝、老子编纂的《山海经》一书，可称之为原版《山海经》或老版《山海经》，其载体为竹简，由人工抄写。遗憾的是，我们今天尚见不到原版或老版《山海经》。或许，有朝一日，王子朝、老子当年密藏的周室典籍被重新发现时，我们还能够有幸一睹原版《山海经》的风貌。

（三）历史上《山海经》版本的整理者

1. 西汉刘向、刘歆（？—23 年）对《山海经》版本的整理

刘歆

　　西汉末年，刘向、刘歆（又名刘秀）奉命对包括《山海经》在内的古籍进行整理校刊。由刘歆整理的《山海经》版本，可称之为刘版《山海经》，其载体为竹简（造纸术的发明和纸的应用在东汉时期），由人工抄写。遗憾的是，刘歆所校定的十八篇《山海经》版本，以及刘歆所依据的三十二篇《山海经》版本，均早已失传，因此我们今天已见不到刘版《山海经》的原貌。

　　2. 西晋郭璞（276—324 年）对《山海经》版本的整理

　　在刘版《山海经》问世大约三百年后，晋代郭璞对《山海经》进行了全面的整理、校订和注释。郭璞字景纯，河东闻喜（今属山西）人，善诗擅卜而直言，因以卜筮不吉劝阻王敦叛乱而被杀，王敦亦于同年病困交加而死。郭璞曾注释《山海

郭璞

经》、《尔雅》等书，撰有《山海经图赞》，留有《郭弘农集》。《晋书》、《隋书·经籍志》等书均称郭注《山海经》为二十二篇，与西汉学者刘秀校定十八篇《山海经》版本不同，或许郭注本原有附图五卷。

由郭璞整理的《山海经》版本，可称之为郭版《山海经》，其载体为纸，雕版印刷。今天我们能够看到的最早的郭版《山海经》是宋淳熙七年（公元 1180 年）池阳郡斋尤袤刻水《山海经传》十八卷（晋郭璞撰），此后各种《山海经》版本均出自郭版《山海经》，例如袁珂（1916—2001 年）的《山海经校注》（上海古籍出版社，1980 年）。这是因为郭版《山海经》是雕版印刷，版本内容流传的可靠性大为增加，不像人工抄写在竹简上那样容易发生差错。

《山海经》的未解之谜

自从《山海经》一书在两千一百年多年前（西汉）公开面世以来，它对远古自然景观和人文景观的迷人描述，就不断吸引着越来越多的读者和研究者。随着研究的深入，《山海经》记载的远古信息逐一被解读出来。与此同时，由于时代的占远，以及流传过程中的讹误，《山海经》还存在着许许多多的未解之谜。

1.《山海经·五藏山经》记载的数百座山，它们都在哪里？

2.《山海经》记载的数百个远方异国，它们都在哪里？

3.《山海经》听说的南海、西海、北海、东海，它们都在哪里？

4.《五藏山经》的地理中心在哪里？撰稿人是谁？他们使用的是什么文字和什么文字载体？由于《五藏山经》是帝禹时代的国土资源考察报告，这就表明当时已经有了某种统一的功能比较齐全的相对发达的文字体系，否则就难以有效地记录如此大范围的考察信息。问题是，至今仍然缺少有关中国先夏时期已经拥有比较发达的文字体系的考古文物证据，其原因可能在于文字载体能否长期保存下来方面。目前已发现的中国古文字载体一是陶器、二是甲骨、三是青铜器，而其他的古文字载体诸如泥版、木板、皮革、草叶、丝帛等，由于中国的气候环境，它们可能已经基本上被潮湿的气候所腐蚀殆尽了。

5. 《海外四经》的地理中心在哪里？撰稿人是谁？

6. 《大荒四经》的地理中心在哪里？撰稿人是谁？

7. 《海内五经》的地理中心在哪里？撰稿人是谁？

8. 《山海经》记载的金银玉石等矿产资源都是真实的吗？

9. 《山海经》记载的形形色色的植物都是真实的吗？

10. 《山海经》记载的奇形怪状的动物都是真实的吗？

11. 《山海经》记载的部落世系都是真实的吗？

12. 《山海经》记载的人神故事都是真实的吗？

13. 鹝鸟、三青鸟、四鸟都是什么鸟？它们是自然界的鸟，还是用"鸟"命名的奴隶、雇佣兵、雇佣工、勤务员？

14. 《山海经》里的禹之谜：《山海经》开篇就是"禹曰"，全书记述禹的故事很多，但是均直呼为禹，而不称其为帝禹或禹帝，这令人多少有些困惑不解。《山海经》记有炎帝、黄帝、帝女桑、帝二女、帝喾、帝颛顼、帝俊、帝尧、帝舜、帝丹朱、帝江、帝鸿、帝台、帝休、帝屋、帝之下都、帝之密都、帝之圉时、帝之平圃、帝苑、帝囷山、帝囷水、依帝山、阳帝山等等，唯独不见帝禹或禹帝。此外，《山海经》有后稷、后照、夏后启，"后"为首领、国君，亦不见用于称呼禹。《山海经》记有帝喾台、帝尧台、帝舜台、帝丹朱台、共工台、轩辕台，亦记有帝俊下两坛，却未言帝禹台。《山海经》记有帝喾、帝颛顼、帝尧、帝舜、帝丹朱以及叔均、巧垂的葬所，却未言帝禹的葬所。莫非帝台是帝禹的别称吗？难以确定。凡此种种，均表明《山海经》一书，还有许多未解之谜。

《山海经》的绘图源流

关于《山海经》的文字与绘图之间的关系至少有三种情况。

第一种情况是，《山海经》一开始就既有文字也有绘图，图文并茂、相得益彰。古本《山海经》（见刘昭注《郡国志》）称："禹使大章步自东极至于西垂，二亿三万三千三百里七十一步；又使竖亥步南极北尽于北垂，而亿三万三千五百里七十五步。"《山海经·海外东经》记有禹命竖亥测量计算大地的东西长度，《吕氏春秋》记有大禹治水后到远方异国考察的故事，《淮南子》亦记有大禹命竖亥和大章测量天下东西和南北的长度，这些活动的成果之一就是图文并茂的《五藏山经》。可惜上述《山海经》绘图，我们今天已经看不到了。或许，我们还能够在古老的岩画里，以及陶器、青铜器和汉画像砖的图案里，找到当初《山海经》绘图的影子。此外，在出土文物的雕像里，也可能有《山海经》怪异动物、奇异人神的造型。

第二种情况是，《山海经》先有图，后有文字，文字是对图的说明。清代学者毕沅在《山海经新校正序》里说："禹铸鼎象物，使民知神奸，按其文有国名，有山川，有神灵奇怪之所际，是鼎所图也。鼎亡于秦，故其先时人犹能说其图，以著于册。"这种情况的《山海经》绘图，我们今天已经看不到了，因为九鼎在秦国统一天下的过程中失传了。不过，还有一线希望，即当年王子朝携周室典籍奔楚的同时，还携带走了包括九鼎在内的大量周王室珍藏的青铜礼器，并将其与周室典籍一同秘藏起来；而秦国统一天下过程中失传的九鼎，实际上是周敬王在位时重新复制的。此外，早期《山海经》绘图也可能是绘制在宗庙等祭祀场所的壁画上的，可惜这些壁画早已随着宗庙建筑物的坍塌而一起毁灭掉了。

第三种情况是，后人根据《山海经》的文字内容而绘制的山海经图，包括山海经插图和山海经地理景观图等多种形式。这种情况的《山海经》绘图，似乎在汉代还不多见，因此司马迁、刘歆都没有提到《山海经》绘图。到了晋代，《山海经》绘图仿佛一下子多了起来，郭璞撰写有《山海经图赞》，张骏（322 年至 345 年为凉州牧、凉王）亦撰写有《山海经图赞》；此后陶渊明（约 365～427 年）撰写了 13 首关于《山海经》内容的诗，其中有"流观山海图"、"夸父诞宏志"、"精卫衔微木"、"刑天舞于戚"等诗句。南朝梁代画家张僧繇（？～519 年）、宋代画家舒雅（？～1009 年）先后：部绘有山海经图十卷，均失传；据《中兴书目》称其"每卷中先类所画名，凡二百四十七种"可知，当属于插图性质。

有趣的是，宋代大文豪欧阳修在《读山海经图》诗里说："夏鼎象九州，山经有遗载；空蒙大荒中，杳霭群山会。炎海积歊蒸，阴幽异明晦；奔趋各异种，倏忽俄万态。群论固殊禀，至理宁一概；骇者自云惊，生兮孰知怪。未能识造化，但尔披图绘；不有万物殊，岂知方舆大。"仿佛他看到的是一幅有着山川地貌的山海经图，可惜未言何人所绘，而同时代的其他人则似乎都没有见到过这幅图。值得注意的是，韩国存有一种古色古香的《天下图》，其内容出自《山海经》记述的远方异国，或许即传自欧阳修所见的山海经图。

我们今天能够看到的《山海经》绘图主要有，明王崇庆的《山海经释义》18 卷之附图 1 卷，清吴任臣的《山海经广注》18 卷之附图 5 卷，清汪绂《山海经存》9 卷里有其自己画的插图 340 多幅（汪绂早年曾任景德镇瓷厂的画师），清郝懿行《山海经笺疏》18 卷另有《图赞》1 卷。近现代学者的《山海经》著作里也引用有大量插图，例如袁珂《山海经校注》里有 150 余幅插图（主要取自《山海经广注》），马昌仪《古本山海经图说》收录有更多的古代插图。与此同时，当代学者、画家也有人在为《山海经》重新绘图。其中为《山海经》绘图最多最全面的是女画家孙晓琴，其作品收入全彩绘精装本《经典图读山海经》一书中。

另，学者张步天出版有多部《山海经》专著，其中就有《山海经地图集》（香港天马图书有限公司 2006 年）。张华出版有《山海经·五藏山经图译》（国家图书馆出版社 2008 年）。此外，还有一些画家根据《山海经》内容绘制了卡通画、动漫画。例如，海洋出版社 1996 年出版了《山海经神话画本（2 册）》，1998 年浙江教育出版社出版了一套九册本的《九趣山海经》，一些动漫制作公司和文化公司也在尝试制作山海经动漫片。

《山海经》究竟是什么
样的一部书

　　综上所述，《山海经》是中华民族最珍贵的先秦典籍之一，是一部记录中华民族地理大发现的伟大著作，它记述着那个时代的远古自然地理和人文地理，它记述着中华民族文明与文化的起源和发展，以及这种生存与发展所凭依的自然生态环境。具体来说，《山海经》是由帝禹时代的自然地理（具有生存资源秘典性质）与人文地理文献《五藏山经》、夏代的人文地理文献、商代的自然与人文地理文献和周代的历史地理文献合辑而成的一部最古的地理书。

　　与此同时，由于《山海经》的内容不仅包括华夏大地山川地理的地形地貌，而且还记录有矿物、植物、动物的分布与使用价值，以及各地居民（包括远方异国）的生存活动、祭祀仪式和民俗习性，涉及的学科有地理学、测绘学、天文学、气象学、矿物学、植物学、动物学、医药学、资源学、历史学、考古学、社会学、民族学、民俗学、神话传说学、文学、语言学、文字学、符号学、哲学、宗教学、预测学、军事学、博物学等，因此《山海经》又是一部最古的百科全书。

有必要指出的是，随着人类社会的不断发展，逐渐形成了规模越来越大的社会结构，例如部落、部落联盟、方国、方国联盟、国家、国家联盟、王朝，等等。对于部落首领、方国君王、国家王朝帝王来说，为了生存与发展，需要掌握尽可能多的生存资源信息；谁能够掌握更多的生存资源信息，谁就能够获得更多的生存和发展的机会。在这种情况下，记录生存资源信息的文献档案，必然会成为部落首领、方国君王、国家王朝帝王的"国之重器"，深藏于密室，绝不轻易外传，只有君王和重要大臣等极少数人才能够阅读，从《山海经》各篇的内容及其流传过程来看，《山海经》正是帝禹时代、夏代、商代、周代等先秦历代王朝记录生存资源信息的"国之重器"性质的秘藏文献档案，内容包括天文历法和气象资源、丰富翔实的地理资源、富饶迷人的生物资源、瑰丽奇异的人文资源。从这个角度来说，《山海经》不仅是中华民族的文明宝典，而且也足人类共同的文明宝典，同时还是人类最宝贵的非物质文化遗产之一。

与此同时，《山海经》又是一部千古奇书，而且也是最难读懂的一部带有密码性质的著作。正因为如此，历史上人们对《山海经》的性质存在着多种认识，例如清代学者纪晓岚（纪昀）领衔编纂的《四库全书》就把《山海经》列入小说类。

众所周知，中国西汉史学家司马迁（公元前 145 或前 135—？年）是最早提到《山海经》一书的著名学者，他在《史记·大宛列传》里写道："太史公曰：《禹本纪》言'河出昆仑。昆仑其高二千五百余里，日月所相避隐为光明也。其上

有醴泉、瑶池'。今自张骞使大夏之后也，穷河源，恶睹本纪所谓昆仑者乎？故言九州山川，《尚书》近之矣。至《禹本纪》、《山海经》所有怪物，余不敢言之也。"

不难看出，因为未能在西汉时期实际考察中证明，确实存在着《禹本纪》描述的位于黄河源头的昆仑山，因此司马迁对《禹本纪》的记述持严重怀疑态度。同理，由于司马迁无法解读《山海经》记述的怪异动物和奇异人神，因此他对《山海经》的记述也持严重怀疑态度，于是在他撰写《史记》时也就不肯采用《禹本纪》和《山海经》的内容。

事实上，《山海经·五藏山经·西山经》记述黄河发源于昆仑丘的东北，那个时代（先夏时期）的人们是把河套一带（当时为大湖泽）视为黄河的发源地，也就是说昆仑丘实际上是位于河套以南的鄂尔多斯高原。到西汉时期实地考察黄河源头，人们才知道黄河源头在巴颜喀拉山脉北麓的星宿海，在这里当然找不到昆仑丘了。又如，《山海经·大荒南经》记有"有人方齿虎尾，名曰祖状之尸"，这里的"方齿虎尾"是指"祖状之尸"（属于奇异人神）把牙齿锉成方形、戴着虎尾装饰。有趣的是，"方齿"习俗的实物证据居然出现在遥远的美洲玛雅文化的一尊"13 蛇神"塑像上，他的牙齿被锉磨成方形，在方齿上还切割出沟槽（《神秘的玛雅》，北京出版社，2001 年，第 176—177 页）。顺便指出，司马迁见到的《禹本纪》早已失传，他所引用的《禹本纪》关于昆仑的描述，亦见于《山海经·海内西经》。或许《禹本纪》的内容在流传过程中已经混入到《山海经》一书里去了。

另一种观点的代表是近代文学家鲁迅，他在《中国小说史略》（人民文学出版社 1973 年版）里说："中国之神话与传说，今尚无集录为专书者，仅散见于古籍，而《山海经》中特多。《山海经》今所传本十八卷，记海内外山川神祇异物及祭祀所宜，以为禹益作者固非，而谓因《楚辞》而造者亦未是；所载祠神之物多用糈（精米），与巫术合，盖古之巫书也，然秦汉人亦有增益。"不难看出，鲁迅凭《山海经》"所载祠神之物多用糈（精米），与巫术合"，而得出"盖古之巫书也"的结论。

近年来随着《山海经》研究的方兴未艾，众多学者从不同角度对《山海经》提出了自己的一家之言，出版了各自的专著。限于篇幅，我们仅以马来西亚学者丁振宗的《破解山海经——古中国的 X 档案》（中州古籍出版社 2001 年）为例，介绍一下他对《山海经》的一家之言。

丁振宗是把《山海经》当成一部用密码写就的"天书"，"人"实际上是指形状像人的机械，"蛇"是行动像蛇的机械，"鱼"是可在水中被操作的东西，"鸟"是能在天空飞的东西。"夸父追日"是黄帝进行的一次太空实验失败的记录，"女娲"是一枚能在环绕地球的轨道上发射多枚人造卫星的太空火箭，"黄帝"在青藏高原建有一座核电站，"黄帝"和"蚩尤"之战是一场洲际、太空核子大战，上述这些事件发生在地球上 6700 万年前。

《山海经》在世界的传播

长期以来，《山海经》在国外广泛传播，遍及各大洲。亚欧美各国治《山海经》学人的研究成果是《山海经》在国外传播的重要显示，其研究成果已经成为《山海经》学研究成果中不可分割的组成部分。

《山海经》译成他国文字并发行也是《山海经》在国外传播的重要显示。最早的《山海经》外文本可能是法文本。哈尼兹（de Harlez）曾翻译《山海经》一书，为《山海经》传入西方作了贡献。近年另有《山海经》法译本传世。《山海经》英文本数量多，且流传广。英美学者的《山海经》英译本为《山海经》在世界各地流传起了重要作用。不过，有些译本对《山海经》的真实内涵掌握不准，如网上书店 Amazon 发行的英国籍大学教授安妮·比莱尔（Anne Birrell）的《山海经》英文本（1999 年出版）就对山海经的理解存在片面性。国人的《山海经》英译本有对外主动推介的意向，不过数量很少。台湾学者有《山海经》英译本出版。大陆《山海经》英泽本有张佳颖《山海经——东方中国上古时代社会的综合纪录》一书，2010年由对外经贸大学出版社出版。

1. 《山海经》在朝鲜与韩国的传播

朝鲜与韩国是汉文化传播最早的地方，早在 12 世纪，朝鲜就出现《山海经》研究成果，当代，韩国《山海经》热悄然兴起。

李奎报

　　李奎报（1168～1241 年），诗人，学者，著有《山海经疑诘》一文。李氏疑诘禹作《山海经》，以《论语·子路》"父为子隐，子为父隐"否定之。李氏又据《尚书》、《山海经》均记"殛鲧于羽郊"，乃提出"醇儒当以《尚书》为正，而《山海经》为荒诞之说矣，然即曰禹制，则禹之说可谓怪乎？"

　　李源祚（1792～1871 年），学者兼政治家，著有《山海经辨》。李氏恪信孔孟程朱理学，以"理"与"气"辩驳《山海经》"奇虚诞妄"，认为所记乃"荒唐狂怪不可测知之事"。不过，李氏也主张《山海经》为"文辞古健有漆书竹简之遗意，亦当爱读之"。

　　当代，韩国出现《山海经》研究热，涌现了许多治《山海经》学人。

　　金周汉，韩国岭南大学校文科大学教授。金氏《李奎报的〈山海经疑诘〉和李源祚的〈山海经辨〉》一文认为，李奎报"疑诰"《山海经》作者的真正目的是"诘"当时那些喜欢自处"醇儒"者信《尚书》而不信《山海经》的二重矛盾。

　　金时晃，韩国庆北大学教授。金氏曾作论文《西厓柳（成龙）先生之学问观及中国旅行诗》，该文介绍了朝鲜李朝时期学者柳成龙的生平和学问观。

　　2.《山海经》在日本的传播

　　日本也是汉文化传播最早的地方，近代，日本学人的《山海经》研究成果很多。

　　（1）小川琢治

　　小川琢治是日本著名的《山海经》研究学者，所著《山海经》研究专文有《支那上古地志之〈禹贡〉及〈山海经〉的价值》、《〈山海经〉篇目的考证及补遗》、《〈山海经〉的错简》等论文，此外，小川其他论著有的也涉及了《山海经》研究。小川琢治的《山海经》研究面很广，涉及《山海经》性质和价值、篇目、作者、地理考证、校勘等方面。

（2）赤津健寿、高马三良、冈本正、和田清

赤津健寿《论〈五藏山经〉》连载于 1942 年、1943 年的《大东文化学报》，这是系统论述考证《五藏山经》的论著。

高马三良《〈山海经〉原始》载于 1951 年 3 月出版的《女子大文学》第 1 号。

冈本正《论〈山海经〉载 1960 年 11 月出版的《中国古代史研究》。

和田清《中国史论丛》一书也涉及了《山海经》地理考证。

（3）伊藤清司

伊藤清司《〈山海经〉与铁》载于 1969 年 6 月出版的《社会经济史的诸问题（森嘉兵卫教授退官纪念论文集）》，这是一篇研究《山海经》矿产的论文。

伊藤清司又于 1986 年出版《〈山海经〉中的鬼神世界》一书。作者认为"要探讨中国的外部世界，《山海经》是唯一不可缺少的古文献"。

（4）板野长八、池田秀三、町野二郎

日本不少学者研究刘向、刘歆的学术思想，揭示了刘氏父子整理校定《山海经》的政治背景，这一研究有利于《山海

经》篇目等传统论题的探索。板野有《从灾异说看刘向与刘歆》，原收《东方学会二十五周年纪念东方学论集》1992 年 2 月号。池田有《刘向的学问与思想》，原收《东方学报》50 号。町田有《刘向觉书》，原收《日本中同学会报》28 号。

（5）大野圭介

大野著有《试论刘歆为何上奏〈山海经〉》。该文主要篇幅揭示刘歆上《山海经》的政治背景，认为刘歆上书前后政治环境险恶，刘为了维护汉室权威，削弱外戚势力，提倡古文经学，并在仓促间校定《山海经》"昧死上书"。大野主张刘歆根据《山海经》去考证各种各样的神怪变异的真面目，反映了刘氏父子秉持的"灾异说"思想倾向，这种倾向凸显出他们为拥护王权处心积虑的内心世界。

（6）竹野忠生

竹野著有《西南诸岛见闻》一文，发表于 1991 年日本《东京地理》杂志第 36—39 期，该文主张《山海经》是"中国地理书的鼻祖，是附带地图的地理书"；认为《海外东经》记载的地方就是从台湾向北，经过琉球群岛、九州岛、北海道等西太平洋岛弧，甚至穿过北极，经过北欧、西欧，到达非洲。竹野另有合作论文《论〈山海经〉的历史性》。

3. 《山海经》在东南亚的传播

马来西亚华裔学者丁振宗致力于《山海经》破译。丁氏引用近代物理学理论、大陆漂移说以及现代高科技工艺解读《山海经》，主张"《山海经》里所描述的山脉、河流与海洋，是燕山运动之前的亚洲地势"，认为黄帝、蚩尤是来地球探矿的外星人，因争夺领土引发核战。丁氏对《山海经》的"奇"作出的解释是：《山海经》中很多"人"和事都是高科技的东西和事件，古人没有这方面的知识，但一要给那些记录作出圆满的解释，便把它们说得很神奇，并凭自己的想象，造了许多故事，经过一代传一代，以讹传讹，所传下来的是许多荒诞的神话。丁振宗的研究还涉及数理计算，提出的竖亥测地的"步"和经文的"里"的数据很有价值。丁氏《占中国的 x 档案：以现代科技知识解〈山海经〉之谜》一书已于 1999 年 8 月由台北昭明出版社出版。

新加坡学者也关心《山海经》研究，据 1993 年 12 月 27 日《联合晚报》载，"欧洲人一直认为是他们的祖先最先发现澳大利亚。不过，据三位教授指出，早在公元前 592 年，已有中国人到达那里。中国古籍《山海经》亦曾记载中国人在澳大利亚所见的三种东西——回力镖、黑小猪和袋鼠"。

4.《山海经》在法国的传播

法国学者巴赛（M. Bazin）、维宁（Edward. P. Yining）是 19 世纪治《山海经》学人。巴赛于 1839 年即已对《山海经》作了大量研究。维宁则于 1885 年出版了《无名的哥伦布或慧深和尚与阿富汗族之佛教团于五世纪发现美洲之证据》一书。该书认为"《山海经》中的《海外东经》、《大荒东经》"所记载的都是围绕科罗拉多大峡谷的地区，但没有计算里程"，"第四卷《东山经》的记述与北美洲、中美洲及墨西哥湾地区有关，有明确里数"。维宁还具体指出"光华之谷（即《大荒东经》的"朝阳之谷"）就是科罗拉多大峡谷"，无皋之山（《东次三经》）即指加尼福尼亚圣巴巴拉两座山头，所"南望"之"幼海"则指圣巴巴拉海峡。

希勒格《中国史乘中未详诸国考证》一文也涉及了《山海经》研究。作者考证了小人国、毛民国、玄股国、扶桑国、大人国、君子国、劳民国等地的地望。如小人国，作者认为"据寻究之结果，实有一种小人于太古时代分布于日本本岛、北海道、千岛、勘察加等处"。该书对《山海经》的评价甚高，认为"中国书籍中有《山海经》，世界中最古老之旅行指南也"，"《山海经》一书，一如希腊历史学家耶洛多特（Herodote），诟谤之者颇多，然传之愈久，其理愈明，特须加以拣择耳"。

马伯乐（H. Maspero）撰有《〈中国艺术〉（汉代以前）中国所受西方影响》一书，该书也涉及《山海经》作者的认定，主张"《山海经》所述地理情况系受到公元前五世纪外来的印度和伊朗的文化潮流的刺激而形成"。

兰卡普尼（Lamcunperic）也曾论及《山海经》的性质和成书时代，主张《五藏山经》为"商代山岳之记事"。

5. 《山海经》在英国的传播

英国学者李约瑟著有《中国科学技术史》一书，其中也涉及《山海经》研究。作者认为《山海经》"可以说是一个名副其实的宝库，我们可以从中得到许多关于古人是怎样认识矿物和药物之类天然物质的知识"。作者还将《山海经》中怪物异兽与古希腊神话中的怪物进行比较研究，认为这种研究可以探索人类文化的起源。

6. 《山海经》在荷兰的传播

荷兰学者施莱格尔（G. Schlegel）曾对《海内东经》《大荒

东经》所记载的"玄股"进行考证，认为黑龙汀口以南日本海沿岸居住着"鱼皮鞑子"，因为衣鱼皮，故以为名。作者指出桦太岛之俄罗苟种（Orokkos）也衣鱼皮，"此种东胡种族，色甚黑，盖以日晒皮不洁，其色愈黑"。衣鱼皮还有另一解释，即"着黑色海狗皮之附会"。

7.《山海经》在俄国的传播

俄国学者维拉·德洛芙娃著有《〈山海经〉的地域形制观念》，提出了《山海经》地理研究思路。她认为"努力寻求文中地名最精确的地望并不是一种全然有效的解决办法"，应该"设法探索《山海经》中的地理世界是如何整体构成，组合起来的"。作者提出了"栅格系统"（grid system）和"同轴方形结构"（a system of concentric squares）两种可以概括《山海经》中地理事物构成的模式。

8.《山海经》在北欧的传播

瑞典的汉学研究发端很早，斯文·赫定的丝绸之路考察，安特生对仰韶文化出土的贡献和高本汉掀起欧洲的汉学风气，为《山海经》的传播奠定了基础。《山海经》有关于丝绸之路的记叙。斯文·赫定于1895年第一次来到中国，以后在其考察中，发现了楼兰古国遗址，寻找罗布泊，翻越喜马拉雅山，总计完成三次新疆探险，世人对中亚"丝路"的认识，必须归功于赫定的毕生跋涉。

9.《山海经》在美洲的传播

近现代，随着中国学的兴起，《山海经》在美国的传播加快，许多学人的研究备受注目。

约翰·希夫勒（John Wm Schiffler）是美国著名的汉学家和《山海经》研究学者。20 世纪 80 年代初，台北华岗出版有限公司出版了他的《〈山海经〉之神怪》（英汉对照）一书。

该书英文前言中论述了《山海经》的性质、作者、成书时代、篇目结构和学术价值等基本论题。

此书汇集了《山海经》记载的所有邦国神怪、奇禽异兽，将它们分成异域、兽族、羽禽、鳞介、灵祇五大类别。作者以准确、简练、通俗的译文对每一神怪的背景详尽释义。希夫勒已故母亲生前还为此书绘制了 144 幅插图，各图栩栩如生，有助于西方人士了解这些神怪的意义。此书之后还附有中国历代年表和按英文字母排列的上述五大部分内容的目次，以及《山海经》研究书目提要。

20 世纪中叶，"中国人最早发现美洲新大陆"的论题引起美国学术界的关注。关心这一论题的美国学者或对《山海经》作出地理考释，或对美洲原住居民印第安人与中国人的族源关系进行探讨。

20 世纪中叶，美国学者掀起了《山海经》热。不少学者试图通过《山海经》研究太平洋两岸的文化关系。如亨莉蒂·默茨博士从 1936 年开始研究《山海经》等中国古籍，曾根据《山海经》材料进行美洲实地考察，于 1953 年写出《几经褪色的纪录》一书，这是一部引人注目的亚美文化关系史著作。另据《科学画报》1980 年第 8 期称，有些美国学者认为《山海经》某些部分相当准确地描写了北美大陆的地形地物和特产；特别是《东山经》描写了美国内华达州黑色石、金块，旧金山海豹和会装死的美洲负鼠等，而《海外东经》《大荒东经》"光华之谷"等写的是科罗拉多大峡谷。

有的学者认为印第安人和中国人人种学上的联系有助于破解《山海经》之谜。据报道，美国埃默里大学人类生物化学家华莱士及其同事，经过对美洲原始居民印第安人遗传基因化验比较分析后认为，北美印第安人可能是中国人的后裔。由于"这种线粒体 DNA 中含有 37 个基因，这种基因是母亲遗传给孩子的，因此在跟踪血缘方面是不会出错的"。

美国学者还从民族学的角度研究《山海经》，代表人物有 R. M. 昂德希尔，埃默里大学教授道格拉斯·华莱士，哈佛大学华裔教授张光直，塞奥尔多·施舒尔博士，以及上面提到的亨利蒂·默茨博士等。

第二十卷 《山海经》的历代研究

汉代时的《山海经》研究

（一）大一统帝国对于地理学知识的空前需求与《山海经》

1. 汉初《山海经》流传范围的扩大

刘邦灭秦以后，萧何得到了秦宫保存的"天下图书"，由此掌握了全国各种资源的基本信息，为未来的汉帝国的稳固和发展立下了第一功。按照《隋书·经籍志》的说法，萧何还得到了《山海经》。于是，《山海经》这部似乎早已经被遗忘的著作，重新受到汉代人的关注。

汉代初年为了休养生息，国家开放了山海之禁。各地诸侯和大户纷纷即山铸钱，《史记·平准书》记载："……吴，诸侯也，以即山铸钱，富埒天子，其后卒以叛逆。邓通，大夫也，以铸钱财过王者。故，吴、邓氏钱布天下，而铸钱之禁生焉。"在这新的"铸钱之禁"全面实行以前的那个开放过程中，人们对于《山海经》一类的包含地理知识的书籍产生很大需要，中央政府大概也没有像以前那样严格控制此类著作。这为《山海经》向地方诸侯的流传提供了一个契机。以淮南王刘安为核心

的文士集团创作的《淮南子》大量引用《山海经》，在《地形训》、《本经训》、《齐俗训》、《氾论训》、《人间训》、《修务训》、《时则训》中都有许多与《山海经》相互一致的内容。以《地形训》为例，本篇全面叙述大地面貌，从大地总括，到具体的昆仑山、黄河等等，都与《山经》相关内容极其相似。而且其中介绍的海外三十六国居民的神奇怪异的特征，也是直接来自《海外四经》。可见，《淮南子》创作班子的人是非常熟悉《山海经》的，淮南王府中应该存有《山经》和《海经》。或许当时《山经》和《海经》已经是合编本，因资料不足，暂且存疑。东汉王充《论衡·说日篇》认为刘安见过《山海经》："淮南见《山海经》，则虚言真人烛十日，妄记尧时十日并出。"不过，刘安不是用《山海经》去了解"天下要害"，不是为了在实际生活中应用《山海经》，而是用来构造他们的世界观体系，用来创作《淮南子》。这样，《山海经》的地理学缺陷就得以回避，并较好地发挥了它在基本世界观方面的价值，最终在《淮南子》中留下了不可磨灭的影响。

2. 社会实践证实《山海经》存在虚构内容

随着国力提高，西汉王朝逐步成为中国历史上少有的积极进取，开疆扩土，雄视四夷的大一统王朝。随着政治经济的发展，出于统治国家和经营四方边疆的需要，汉代人对于实用的自然地理和人文地理知识逐渐产生越来越大的需求。王充《论衡·别通篇》云："殷、周之地，极五千里，勤能牧之。汉氏廓土，牧万里之外，要荒之地，褒衣博带。夫德不优者不能怀远，才不大者不能博览。"汉代国土极其辽阔，历史积累的关于远方地区的地理知识完全不够用了。

开拓西域，必须了解当地情况，山川地理，人文习俗。而当时人的域外地理知识大约只有《山海经》、《禹本纪》可以依靠。但是，《山海经》的地理记录远远没有达到后来地理学的真实程度：其域外部分自然更加虚无缥缈。这当然会使得一切试图依据它的人们大失所望。张骞"凿空"西域过程中，是否使用过《山海经》，史无明载。不过，按照司马迁《史记·大宛列传》的记载，当时的汉使曾经寻找黄河之源，并试图寻找《禹本纪》、《山海经》等书记述的作为黄河源头的所谓"昆仑"。结果，他们确定的黄河源头并非神圣的昆仑，而是位于于阗（即现在的和田）的南山："而汉使穷河源，河源出于阗，其山多玉石，采来，天子（汉武帝）案古图书，名河所出山曰昆仑云。"汉武帝命名的昆仑当然不是《禹本纪》、《山海经》等书记述的昆仑，所以，司马迁说："自张骞使大夏之后，穷河源，恶睹所谓昆仑者乎?"以张骞为代表的汉使们的实地考察，证实了《山海经》中存在虚构不实的成分。当然，今天看来，他们的考察结论也存在不准确之处。但是，当时人只能根据自己的现有知识加以判断。无论如何，汉朝人对《山海经》的地理记载不再深信不疑了。

3.《史记》第一次出现《山海经》书名考

汉使们的发现引发的后果是严重的。司马迁说："故言九州山川，《尚书》近之矣；至《禹本纪》、《山海经》所有怪物，余不敢言之也。"这是史料中第一次出现《山海经》的名字。

不过，陆侃如对此有怀疑。他的根据是《汉书·张骞传

赞》、《后汉书·西南国论》、《论衡·谈天篇》、《史通释》所引《史记》这段话都作"《山经》"，而非"《山海经》"。所以，陆侃如的结论是"……《史记》原文并无'海'字，乃后代妄人所增……"倘若果真如此，那么我们当然可以否定《史记》首次提及《山海经》书名。但是，我核实陆侃如所使用的材料，发现都存在可疑之处。

第一，班固《汉书·张骞传》引述此段文字为："故言九州山川，《尚书》近之矣；至《禹本纪》、《山经》所有，放哉！"虽然大致跟《史记》原文近似，但是，还是有差异，不是原封不动的转引，而是缩写。因此，这里的"山经"二字是不是班固转引过程中缩写了原来的"山海经"三字，不能确定。这不是确定无疑的证据。

第二，陆侃如所引《后汉书》材料为："（汉）开四方之境，款殊俗之附……著自《山经》、《水志》者，亦略及焉。"这根本不是转引《史记》的文字，只是和后来其他书一样单独提及《山经》而已。因此，它跟《史记》原文中是否有"《山海经》"无关。

第三，王充《论衡·谈天篇》四次提到《山经》或《山海》，陆侃如所引只是其中之一。《论衡》原文如下：

（1）"案禹之《山经》、淮南之《地形》，以察邹子之书，虚妄之言也。"

（2）"太史公曰：……故言九州山川，《尚书》近之矣。至《禹本纪》、《山经》所有怪物，余不敢言也。"

（3）"案太史公言，《山经》、《禹纪》，虚妄之言。"

（4）"夫如是，邹衍之言未可非，《禹纪》、《山海》、淮南《地形》未可信也。"其中第一条材料也是单独谈《山经》，跟《史记》是否有"山海经"三字无关，可以不论。第二条材料是陆侃如引用的。表面看来最为可靠，跟《史记》原文只少了一个"之"字。似乎据此可以怀疑《史记》原文究竟是"山经"还是"山海经"。但是，其证据力不够。作为个人著述，《论衡》文字的可靠度是不及《史记》的。王充《论衡·自序》说："家贫无书，乃游洛阳市肆，阅所卖书，一见辄能诵忆，遂通众流百家之言。"那么，他写作《论衡》时引用《史记》可能是依靠记忆的，其可靠度有限。这里还有一条反证：《论衡》向来没有好底本，各本颇有差异。《四库全书》本《论衡》这段话就是"山海经"。而《史记》各本均为"山海经"。这更加证明《论衡》里的引文不足以否定《史记》的相关文字。第三条材料不是完整引文，证据力不及第二条材料。第四条材料分别提到《禹纪》、《山海》和《淮南·地形》。这里的"禹纪"二字的位置相当于第二条材料中的《禹本纪》，"山海"二字相当于第二条材料中的《山经》——《史记》原文里的《山海经》。这条材料直接否定了第二条材料，可以作为《史记》原文就是《山海经》的证据。通过以上辨析，《论衡》中的四条材料或者跟《史记》无关，或者自相矛盾，无法证明《史记》中是否有"山海经"三字。陆侃如所用的《论衡》底本可能类似《汉魏丛书》本，上述四处都作"山经"，没有见到其他版本。

第四，吴任臣《山海经广注》引郭延年《史通释》云：

"《山经》，太史公已不敢言。尤袤定为秦书，疑信者半。"这段文字的前半部分只是转述司马迁的意思，未必完全准确。另外，后半部分关于尤袤的话则完全错误。我核查尤袤在刊刻《山海经传》所题之跋，原文："《山海经》十八篇……其为先秦书不疑也。"尤袤所定年代是先秦，不是秦。由此可见，郭延年的引文不可靠，缺乏证据力。陆侃如说自己没有见到尤袤自己的文章，只是转引。但是，他前文同时转引了吴任臣《山海经广注》的话："《汉志》《山海经》十三篇，尤袤定为先秦之书，非禹及伯翳所作。"这话跟郭延年相矛盾，陆有忽略反面证据之嫌。

综上所述，陆侃如使用的材料或者与《史记》无关，或者证据力不足，并且存在忽略反面证据的嫌疑，因此，其结论不可靠。这种使用"他书所引"来纠正原书的做法本身就不是一个可靠的方法。按照无罪推定、疑罪从无的现代法学原则，我们目前应该坚持司马迁《史记》此处提到的书名是《山海经》。

至于有人在陆侃如基础上推论司马迁时代《山经》、《海经》尚未合编，则更嫌推测过甚。

4.《山海经》在汉代社会的继续使用

尽管司马迁首次提到《山海经》书名，但是他对《山海经》的评价显然是负面的。由于司马迁在中国史学领域的权威地位，他的这一负面看法几乎成为后世一切批评《山海经》者的口头禅。不过，司马迁并没有完全否定《山海经》，只是对其中虚构的"怪物"敬而远之，并通过比较而批评了《山海经》中的地理内容不如《尚书》的相关内容可靠。他并未否定其中"怪物"以外的其他内容。这是我们应该注意的。

目前，还没有发现关于汉代人用《山海经》探矿、采矿的任何资料，但是，根据《山海经》本身对于矿产的叙述，估计其效果不可能令人满意。

《山海经》对于国内部分山川的记述还是比较真实的，仍然具有一定的实用价值。汉代人在治理黄河时，多利用《禹贡》中关于黄河的知识。其实，也有使用《山海经》的。据《后汉书·王景传》，东汉永平十二年（69），明帝准备修汴渠，特意召见王景。"问以理水形便。景陈其利害，应对敏给，帝善之。又以尝修浚仪，功业有成，乃赐景《山海经》、《河渠书》、《禹贡图》及钱帛衣物。"汉明帝在此时将这些具有地理性质的书籍和图画赏给王景，显然是给他治水作为参考的。次年夏，王景疏通了从荥阳到千乘海口的河道，治河成功。由此可知，在汉人眼中，《山海经》是具有实用价值的。此事对于后代支持《山海经》地理价值的学者有较大影响。可是，由于史料没有直接写明王景是否直接利用了《山海经》来治河，也有人怀疑朝廷赐给王景的《山海经》是否真能起到帮助作用。笔者借助于现代历史地理学的成果来加以说明。现代历史地理学家谭其骧曾经有一篇绝妙的历史地理学论文——《〈山经〉河水下游及其支流考》。《山经》本来没有直接描述黄河下游河道，但是，却描述了黄河下游的一系列支流。谭其骧通过研究《山经》所记录的黄河下游各个支流的入河口，把上述支流的所有入河口连点成线，从而考证出一条远古时代的黄河下游河道。这就证明了《山海经》所叙述水系的真实性，它在指导治河这个方面应该具有一定的实用价值。汉明帝赏赐给王景的《山海经》应该具有一定的实用价值。

综合本节所论，汉代社会对于实用地理知识的需要，部分地推动了《山海经》的流传，但是，实际应用的结果却暴露了《山海经》在科学性、准确性方面的欠缺。这是一个非常关键的变化，将引发《山海经》地理志性质的逐步淡化。

汉代学术主流是儒家经学，汉人对于《山海经》的看法主要受到经学的影响。即便司马迁主要是从史学立场，而非经学立场作出了自己否定性的评价，但是其结论与儒家"子不语怪力乱神"的经学立场暗合。所以，他的结论对于后来正统儒家经学反对《山海经》起了很大作用。

（二）汉代经学和刘歆对《山海经》的校定与研究

与政治上的大一统帝国相适应，汉武帝实行"罢黜百家，独尊儒术"的政策，儒家经学逐步成为社会政治、文化建设和学术研究的主导力量。

中国先秦典籍经过秦火，损失严重。《史记·太史公自序》说："秦拨去古文，焚灭《诗》、《书》，故明堂石室，金匮玉版，图籍散乱。"汉朝建立之后，广收天下图书，古籍陆续复出。《汉书·艺文志》云："汉兴，改秦之败，大收篇籍，广开献书之路。迄孝武世，书缺简脱，礼坏乐崩，圣上喟然而称曰：'朕甚闵焉。'于是建藏书之策，置写书之官，下及诸子传说，皆充秘府。"到了西汉末年，这些书籍又有亡散，于是政府重新大规模收求各种古籍，并开始系统整理。《汉书·成帝纪》

云："河平三年（前26）秋八月，光禄大夫刘向校中秘书，谒者陈农使求遗书于天下。"此时，刘向之少子刘歆也受命"与父向领校秘书，讲六艺、传记、诸子、诗赋、数术、方技，无所不究"（《汉书·刘向传》）。刘向、刘歆父子系汉高祖同父少弟楚元王刘交之后，为汉室宗亲。两个人都是经学大家。刘向主要治《穀梁传》，后来撰写《洪范五行传论》，上奏皇帝。刘歆领五经，倡导古文经学，具有划时代的影响。

此次有史以来最大的校书活动的目的主要是为了政治教化，不过它通过图书整理、分类和学术源流探讨，形成了一套完整的以儒家经学价值观为中心的文化知识体系和学术体系。这次图书整理活动，也正式拉开了《山海经》学术史的序幕。

1.《山海经》的校进过程

刘歆（约前53～23），字子骏，汉哀帝建平元年（前6）因避哀帝（刘欣）讳而改名刘秀，字颖叔。他起初随父亲刘向领校中秘图书。在刘向去世后，刘歆就"复领五经，卒父前业"，独立执掌校书活动，完成父亲未竟之事业。刘向、刘歆父子领导的整个校书活动规模大，持续时间长，参与其事的学者甚多。《汉书·艺文志》云：汉成帝"诏光禄大夫刘向校经传、诸子、诗赋，步兵校尉任宏校兵书，太史令尹咸校数术"。这些人下面还有其他一些人协助，目前已知的还有刘歆、杜参、班游、望等人。

至于直接参加《山海经》校定的人，目前有两条材料。第一是刘秀（歆）《上〈山海经〉表》的说法："侍中奉车都尉光禄大夫臣秀领校秘书言：校秘书太常属臣望所校《山海经》

凡三十二篇，今定为一十八篇。"第二是幸存下来的当年校语。今本《山海经》第九、第十三卷末所署的"建平元年四月丙戌待诏太常属臣望校治，侍中光禄勋臣龚、侍中奉车都尉光禄大夫臣秀领主省"一语证明，他们是"臣秀"、"臣龚"和"臣望"。"臣秀"就是刘秀（歆）。我按照刘秀（歆）向刘姓皇帝上书时自称"臣秀"的惯例推测，"臣龚"即刘龚，"臣望"即刘望。而刘望是《山海经》的直接校定者。有一种说法认为"臣龚"是王龚，"臣望"是丁望，误。上述两条材料都谈到刘歆和刘望。但是，后一条材料又加了一个刘龚。两条材料之间略有抵牾。我估计，刘龚也是参加者，在校订稿中署了名。但是刘龚所做工作不多，因此刘歆在最后写《上〈山海经〉表》的时候，就忽略了他。

　　《山海经》完成校订的时间在此次校书活动中是比较晚的。由于《山海经》不属于儒家经典，其中大量的有关怪物的描述又和孔子"不语怪力乱神"的思想相违背，因此在经学家眼中，《山海经》的地位是不高的。除了淮南王及其门客这样的杂家之外的一般学者并不重视它。刘歆《上〈山海经〉表》称：东方朔、刘向分别根据《山海经》解答了异鸟和岩洞中出土的反缚盗械人，"朝士由是多奇《山海经》者，文学大儒皆读学，以为奇可以考祯祥变怪之物，见远国异人之谣俗"。可见在刘向以前，文学大儒是不看重《山海经》的。所以，其校定活动完成得相当晚。刘向河平三年（前26）开始校书，绥和二年（前7）去世。生前校书二十年，还没有做，或者还没有完成《山海经》的校定。《山海经》的校定一直到汉哀帝建平元年（前6）才告完成。而此时已经接替刘向领校秘书的刘歆（刚刚改名为刘秀）按照父亲生前校书的惯例，撰写了关于《山海经》的"书录"，随校定的《山海经》一同进呈皇帝，即署名为"刘秀"的《上〈山海经〉表》。这次图书校定工作使《山海经》第一次进入学术研究领域，成为学术研究对象。

南宋薛季宣主张《山海经》的校订时间是王莽时代。其《浪语集》卷三十《叙〈山海经〉》云："所谓臣秀，即刘歆也。歆以有新之朝更名，以应光武之谶。校雠之世，必当王氏时也。"刘歆改名的原因本是避哀帝刘欣的讳，跟光武帝刘秀无关。再说，刘歆公元23年被杀，他不可能预测到光武帝刘秀在两年后登基。所以，薛季宣的说法根据不足。

根据《上〈山海经〉表》，这次校定工作的详细过程是："侍中奉车都尉光禄大夫臣秀领校，秘书言校，秘书太常属臣望所校《山海经》凡三十二篇，今定为一十八篇。已定。"他们根据搜集到的三十二篇原文整理为十八篇。这个包括十八篇内容的定本《山海经》就是今传《山海经》的祖本。按照刘向《书录》中反映出来的整理儒经以外的诸子传记和其他图书的惯例，这三十二篇可能是各种本子的总篇数，经过删除重复定为十八篇。今本《山海经》行文中常有"一曰"，显然是校订过程中刘歆依据其他本子所加的校语。

2. 刘歆校定本篇目考

（1）古本三十二篇的问题

刘歆等人虽然为《山海经》定了各篇篇名，但是《上〈山海经〉表》没有详细说明校定本各篇的篇名目录及内容。所

以，刘歆所谓的"三十二篇"、"十八篇"究竟如何，史无明载。而后代史志著录的《山海经》篇目往往彼此矛盾，这引起历代学者之间不少的争议，成为未来研究工作中的一个重要但又难以解决的问题。日本学者小川琢治《山海经考》曾经慨叹："以今之《山海经》，而欲考唐晋之古文已有困难。况欲推究两汉时之简册，岂非难中之尤难者乎？"

毕沅《〈山海经〉新校正·山海经古今本篇目考》把《山经》中每一次山经都当做一篇，得二十六篇，加上《海外四经》、《海内四经》，得出总篇目数为三十四。所以，他认为《上〈山海经〉表》中的古本"三十二"是三十四之误。其他学者对于这个推测多表异义。就连赞赏他的篇目考证"最为精透"的小川琢治也认为这是大胆臆定。不过，袁珂却同意毕沅之说。他补充道："四"籀文写作上下两个"二"，刘歆表文中"四"可能也如此写法，因此而漫漶其一成为"二"。其说误。刘歆业已将《山海经》校订、隶定，其表断然不可能作籀文。

小川琢治认为：《五藏山经》各篇过长，在竹简时代将其中二十六篇（每"次"山经为一篇）合并为十三篇便于流传。《海外四经》、《海内四经》因为有图也每篇析分为二，得十六篇。加上《海内东经》结尾处误入的《水经》三篇，共三十二篇。"此《山海经》凡三十二篇之细目，谅可得最简单之说明矣。"事实上，小川的说法也存在问题。其各篇分合，没有任何版本证据。《水经》的误入也是在《隋书·经籍志》以后，根本不能用来证明刘歆校书所用的古本《山海经》。所以，现代学者一般认为刘歆所据之"《山海经》凡三十二篇"是各种版本的总篇数。张步天《刘歆〈山海经〉篇目之我见》根据经文中大量的"一曰"、"一云"、"或曰"等关于异文的表述，认为是刘歆依据三十二篇古本相互校勘的结果，并且逐一分析各篇涉及的异文。张说可信。但是，他一些具体推论过程有可疑之处，至于他得出的三十二篇总数则是包括了《荒经》以下五篇的结论，不可从。

（2）今本十八卷与刘歆十八篇的关系

当今传世的《山海经》版本众多，但是，各个版本之间除了文字略有差异之外，在篇目方面没有区别，均为十八卷。出现如此一致的情况，这和南宋尤袤所刻《山海经传》有很大关系。

尤袤（1127~1194）《山海经传跋》宣称得到刘歆定本十八篇，与今本十八卷全同。王应麟（1223~1296）《小学绀珠》卷四据此推论刘歆本云："《山海经》十八篇，南西北东中山经为五篇。海内、海外、大荒三经南西北东各一篇，海内经一篇。注云（以下为小字）：总十八篇。相传以为夏禹所记。汉志《山海经》十三篇。刘歆所校凡三十二篇，定为十八篇。"不少现代学者也持此论。但是，笔者考证，尤、王二人所见十八篇实际是宋人重编，待本书第三章详论。所以，从今本十八卷直接推测刘歆定本十八篇有失稳妥，也无法合理解释《汉书·艺文志》为何还有《山海经》十三篇之说。

（3）《汉书·艺文志》著录十三篇与刘歆十八篇的矛盾

班固《汉书·艺文志》沿袭刘歆的《七略》，二者涉及《山海经》篇目本来应该一致。但是《汉书·艺文志·数术略》

中著录的《山海经》为十三篇，与刘歆《上〈山海经〉表》所称校定结果为"十八篇"不同。二者之间存在明显矛盾。

由于史料不全，对此矛盾，学术史上出现过各种推测。四库馆臣怀疑刘秀（歆）《上〈山海经〉表》是伪作。事实上，王充《论衡》和郭璞《注〈山海经〉叙》多次。称引此表，所以这个怀疑不成立。毕沅把十三篇和十八篇的校定者分别归属于刘向和刘歆。现代甚至有人认为《汉书·艺文志》著录的十三篇《山海经》与今日《山海经》是同名异实的另一著作。吕思勉认为《汉书·艺文志》著录的《山海经》是"讲建设之书"，而今日《山海经》是"方士之记录"，二书偶然同名。吕思勉误解了形法家的含义，其说不可从。沈海波《〈山海经〉考》认为《汉书·艺文志》著录的是《海经》十三篇，不包括跟所谓"考祯祥"无关的《山经》五篇。这个理解是有误差的，因为《山经》记录了很多怪物都具有预兆的性质。

为了展示学术史发展，我们回溯最早系统探讨《山海经》篇目问题的毕沅的看法。毕沅认为《艺文志》中的十三篇，是汉代刘向所合，相当于现代的《山经》五篇，加上《海外四经》和《海内四经》八篇。"班固作《艺文志》，取之于《七略》，而无《大荒经》以下五篇也。"他推测是刘秀（歆）增加了《大荒经》以下五篇，成为十八篇。其根据是明代道藏本《山海经目录》的《海内经》之下有注文"此《海内经》及《大荒经》本皆进在外"，说明是刘秀（歆）校进时所增，只是外在于刘向所校的《山海经》十三篇。如果正确，这个说法可以弥合《艺文志》与《〈山海经〉表》的矛盾。但是，"进在外"三字颇不通顺，自我矛盾。笔者在国家图书馆核查南宋淳熙七年（1180）池阳郡斋尤袤刻本《山海经》为"皆逸在外"，"进"当为"逸"之形误。而且，刘向是否校过《山海经》并无证据；再者，班固为什么收刘向的旧校本而不收刘歆的新校本呢？

小川琢治认为刘秀（歆）并没有把《大荒经》和《海内经》一同校进。他引用日本版《山海经》（明版覆刻本）为"皆逸在外"，故认定这个注说明刘秀（歆）校定的本子未收《大荒经》和《海内经》。这一点，当今学者多赞同。但是，小川琢治认为古本只是《山经》十三篇（理由已见上文），《海外》、《海内》附合于全书之后，为了炫耀价值而仍然沿袭古代篇目，班固著录时仍然沿用十三篇旧目。这个说法缺乏证据。但是他的《山海经古本篇目表》根据尤袤跋语（即《〈山海经〉后序》）提及的宋代道藏本中《山经》十卷，加上《海外四经》、《海内四经》正好十八卷，推定了刘歆定本篇目。其说有理，为袁行霈、袁珂二位先生所接受。日本学者高马三良认为班固十三篇是《海外四经》以下十三篇，《五藏山经》是附加在《山海经》之上的分册。此说是从今本十八卷直接推测，有欠妥当。

袁行霈先生受小川启发，根据张金吾《爱日精庐藏书续志》所引尤袤跋语（即《〈山海经〉后序》），怀疑宋道藏本"或即出自刘秀（歆）校本？"按照宋代道藏本中《山经》十卷，加上《海外四经》、《海内四经》正好十八卷。袁珂也根据尤袤《〈山海经〉后序》记录的宋代道藏本《山经》分十卷推

测：刘歆校订本十八篇是《山经》十篇，加《海外四经》、《海内四经》各四篇。而《艺文志》中的十三篇本《山海经》可能是成帝时代尹咸校定的，其中把《山经》合为五篇，故总十三篇。两位袁先生的假设，似乎可以基本化解《汉书·艺文志》中所谓"十三篇"和《上〈山海经〉表》中"十八篇"之间的矛盾。

但是，为了弥合与《艺文志》十三篇剩余的一个小矛盾——《艺文志》是据刘歆《七略》，可是为何与《上〈山海经〉表》自相抵牾呢？于是，袁行霈先生假设刘向的部下尹咸还有一个十三篇的校本。笔者认为：尹咸虽然分工校定数术略，但是，在刘向生前未必完成了全部数术略校书工作，说尹咸完成了十三篇本的《山海经》根据稍嫌不足。而且，如果尹咸已经完成，为什么刘歆要重新校定？袁珂则以为《山经》各篇篇幅差异大，成册与翻检不易，故有新的分篇法（即刘歆的《山经》十卷分篇法）。为了这么一件小事而大费周折地重新校订，理由根本不充足。刘向刚刚去世（前7），尸骨未寒，而接替父亲工作的刘歆就抛弃父亲领导下完成的《山海经》校定本，重新校定，这恐怕是太不符合情理了。另外，《艺文志》依据刘歆《七略》，为什么不用刘歆校定本，而用尹咸校定本？袁珂以为是刘未敢改正刘向留下的《山海经》旧本篇目数而误，其理由更不充分。若刘歆敢于否定旧校本，焉有不敢改旧篇目之理？这些问题显然难以解决。袁珂此说不可从。

总结历代学者关于《汉书·艺文志》和《上〈山海经〉表》之间篇目矛盾的各种解决方法，大致有三种。第一种，否定其中一个。四库馆臣怀疑《上〈山海经〉表》，而现代人怀疑《汉书·艺文志》著录的是同名它书，他们都是采用否定其中一个的方法。第二种，假设十三篇本和十八篇本是不同人所校定。或者刘向和刘歆；或者尹咸和刘歆。可是，两种方法都不能很好地解决问题。第三种，认为双方都对，是王莽末年开始的兵火导致了刘歆十八篇散亡成十三篇，被班固著录。这似乎合理，但是散亡的是哪一部分呢？为何没有留下痕迹？而且此说建立在刘歆校定本中包括《大荒四经》和《海内经》基础上，也是不能服人的。

既要合理，又要有证据，两者缺一不可。这是建立学术真理必须兼顾的两个方面，否则就会出现过多的无谓争论，于学术发展无益。

（4）刘歆十八篇本的真面目

南宋学者薛季宣曾记录当时一种道藏本《山海经》的分卷情况。其《浪语集》卷三十《叙山海经》云：

古《山海经》，刘歆所上书，十三篇。内别五山，外纪八海。郭璞注集厘十八卷。其十卷，《五山经》；八卷，六，《海外》；二，《海内》、《大荒经》也。《五山》、《海外经》，端有条绪。《海内》、《大荒经》，汗漫有不可通者。是书流传既少，今独《道藏》有之。

薛季宣确定了宋代这个道藏本是郭璞注《山海经》十八卷，其中《五山经》十卷，《海外经》六卷，《海内经》、《大荒经》各一卷。他由此推论，《汉书·艺文志》著录的刘歆十三篇是"内别五山，外纪八海"，即《山经》五篇，《海经》八篇。此说正确。但是，薛季宣认为，郭璞注本改为十八卷，是不正确的。

根据薛季宣、尤袤所言，宋代两种道藏本的《山经》部分都是十卷，但双方《海经》以下分篇不同。现存尤袤《山海经传》跋语其实涉及宋代流传的"十数种"版本。尤云："三十年所见无虑十数本。参校得失，于是稍无舛讹，可缮写。"其中重要者有三种版本，现抄录如下：

始，余得京都旧印本三卷，颇踈略。继得道藏本。《南山》、《东山经》各为一卷。《西山》、《北山》各分为上下两卷。《中山》为上中下三卷，别以《中山东、北》为一卷。《海外南》、《海外东、北》、《海内西、南》、《海内东、北》、《大荒东、南》、《大荒西》、《大荒北》、《海内经》总为十八卷。虽编简号为均一，而篇目错乱不齐。晚得刘歆所定书。其南西北东及中山，号《五藏经》，为五篇。其文最多。《海内》、《海外》、《大荒》三经，南西北东各一篇，并《海内经》一篇，亦总十八篇。多者十余简，少者三二简。虽若卷帙不均，而篇次整比最古。遂为定本。

薛氏道藏本和尤氏道藏本是分别来自宋代三部道藏之中的两部，二者之间在分篇方式上有关联。尤氏道藏本《海外经》、《海内经》各分二卷，与薛季宣所见道藏本《海外经》六卷不同。薛氏道藏本把《海外经》分成六卷，又把《海内四经》合并到《海内经》中成为一卷（故薛文中不见《海内四经》），再把《大荒四经》合并为一卷。两种道藏本各自都凑成十八卷。笔者认为，薛氏道藏本是把尤氏道藏本的《海外经》二卷、《海内经》二卷分别分成三卷，合并为《海外经》六卷，因为尤氏道藏本中《海外东、北》、《海内西、南》很容易各自分开。然后合并《大荒四经》为一卷，《海内经》一卷，形成十八卷。

尤袤指责道藏本篇目错乱不齐，正反映了郭璞二十三卷注本出现以后，世人想恢复刘歆十八篇古本而乱改郭本分卷方法的情况。

尤袤所见第三种本子"刘歆所定书"十八篇并非刘歆原本。此本，王应麟（1223～1296）《艺文志考证》和《小学绀珠》也提到过。它只是宋人合并道藏本《山经》十卷为五卷，另加郭璞合编的《大荒四经》、《海内经》，恰好得十八卷。于是改卷为"篇"，声称得到了刘歆原本。其实，自从郭璞注把《山海经》改为分卷本以后，郭注一直与经文并行，根本不是所谓分篇本，更不是十八卷。因此，被尤袤作为定本而刻制的《山海经传》（即郭璞传注），其底本不可能是所谓真正的刘歆分篇本，而是宋人重编本。尤袤不察，遂被骗。但是，由于尤袤所见这个所谓"刘歆定本"正好凑足十八卷，分篇简洁、合理，使得世人长久以来头疼的恢复刘歆校定本原貌的企图终于"实现"。所以，这个本子一旦出现，加上尤袤鼓吹、刊刻（尤袤刻本十八卷又分三册，每册40多页，分量均衡，又是参酌所

谓"京都旧印本三卷"而来。这是宋代雕版印刷技术发展之后的产物），遂成为新"定本"，流传至今。

如果前言不虚，那么，我们可以得出这样的结论：刘歆校定本十八篇是《山经》十篇，外加《海外四经》和《海内四经》八篇，总十八篇。班固不可能著录刘向或尹咸的"校本"（有学者假设尹咸校定过《山海经》是缺乏证据的，而且这种假设也没必要），而是著录的刘歆校定本。只是此前有人把十篇的《山经》根据五方山自然合并为五篇，总篇目也就成了十三篇，被班固著录。刘歆校定的十八篇定本，其实和班固《艺文志》著录的十三篇本只是分篇形式的差别，其内容则是相同的。它们都没有包括《大荒经》以下五篇。果真如此，那么困扰我们很久的《汉书·艺文志》和《上〈山海经〉表》之间篇目的所有矛盾就迎刃而解了。

（5）刘歆校定本十八篇不包括《荒经》以下五篇。笔者核对了《淮南子·地形训》中叙述的海外三十六国族名，其总数与《海外四经》所记三十七国一族基本一致，各国族的名字也最为接近，都是充满幻想色彩的。《大荒经》所记国名五十八，族名一；《海内经》所记国名十五，族名八，均与《淮南子》所引之数目和名字差距较大。所以，《淮南子》所述三十六国应该是引用《海外四经》，而非其他各篇。因此，当时的《山海经》中可能还没有收入《大荒四经》和《海内经》。王充在刘歆校定《山海经》之后，其《论衡·谈天篇》称大禹治水，"辨四海之地，竟四山之表，三十五国之地，鸟兽草木、金石水土，莫不毕载……"，也不言其他。所以，此时的《山海经》

中可能仍然没有《大荒四经》和《海内经》。

另外，《海外四经》、《海内四经》结尾都有"建平四年"臣望和刘秀（歆）校录署名。这证明刘歆校定本包含它们。但是，《荒经》、《海内经》后面没有类似的话。毕沅用此证据说明《荒经》、《海内经》"皆进在外"，不当。这证据只能说明《荒经》、《海内经》当时没有被臣望和刘歆校定，没有进入《山海经》。

所以，刘歆校定的十八篇定本《山海经》实际只包含了《山经》、《海外四经》和《海内四经》，没有《荒经》以下五篇。当然，这并不意味着当时《大荒经》和《海内经》不存在，它们只是单篇另行于世，暂时未收入《山海经》而已。

总结关于刘歆校定本篇目的学术争议，笔者认为许多学者的思考往往限制在刘向、刘歆和班固三人身上，至多考虑一下郭璞所谓"十八卷本"，结果只能在十八篇、十三篇和《荒经》以下五篇和十八卷之间打转。这是不够的，因为郭注实际是二十三卷。而袁珂先生增加了郭璞二十三卷之参数，而且参考宋本，所以其推论结果明显较优，其证据（加上笔者补充的两条共三条）也较充足；虽然他受到毕沅影响，相信有刘向校本、相信《山海经目录总十八卷》为郭璞作，结论未臻尽善。篇目争议，必须全面综合考虑，才有望得到正确结论。

3. 在经学笼罩下的刘歆《上〈山海经〉表》

刘歆能够比较积极地领校《山海经》与经学发展所面临的问题和古文经学的出现有一定关系。

以董仲舒为代表的汉代经学出于政治需要，以阴阳五行观

念为基础，发展了"天人感应"的神秘主义思想，宣扬祯祥变怪是天人感应的结果，是上天向人君显示自己的道德意志。其《春秋繁露·天地阴阳》云："世治而民和，志平而气正，则天地之化精，而万物之美起。世乱而民乖，志僻而气逆，则天地之化伤，气生灾害起。"这个理论对于皇帝极权有所限制，在当时是具有正面作用的。但是，其神秘主义倾向也导致把客观的天地万物都当做体现儒家神学目的论的表现，各种怪物都被看做天意的体现。根据王充《论衡》："董仲舒睹重常之鸟，刘子政晓贰负之尸，皆见《山海经》，故能立二事之说。"董仲舒阅读《山海经》，关注的也是其中怪物。目前，还没有发现董仲舒对《山海经》的进一步看法。

刘向、刘歆都是经学大家，也沾染了浓厚的神秘主义倾向。刘向青年时代迷信巫术，差点丧命。其《列仙传》又罗列大量所谓仙人的故事。在治经活动中，刘向也"好言灾异"，所作《洪范五行传论》就是一个例证。《汉书·刘向传》云："（刘）向见《尚书·洪范》箕子为武王陈五行阴阳休咎之应。向乃集上古以来，历春秋、六国，至秦汉符瑞灾异之记，推迹行事，连传祸福，著其占验。比类相从，各有条目。凡十一篇。号曰《洪范五行传论》。奏之。"刘歆也宣传阴阳灾异。王莽信符命，大力倡导谶纬之术，刘歆积极参与其中。《山海经》中怪物连连，许多都是具有祸福征兆性质的。如《西山经》中的狡，"其音如吠犬，见则其国大穰"。《中山经》中的独足怪鸟跂踵，"见则其国大疫"。这些很符合刘氏父子在经学倡言灾异方面的需要，所以，他们才会对《山海经》感兴趣。

不过，《山海经》言怪和汉代经学家言灾异的目的不同。《山海经》中许多怪物与祸福征兆无关；而那些具有祸福征兆性质的怪物也只是客观显现，并无特定的道德目的，与天意无关。而汉儒则持目的论，用怪物附会天意。例如，《山海经·海内北经》有驺吾（或作"驺牙"、"驺虞"）："林氏国有珍兽，大若虎，五采毕具，尾长于身，名曰驺吾。乘之，日行千里。"完全是客观叙述，无任何象征性。伏生《尚书大传》以为"仁兽"。司马相如所遗札书《封禅文》说天子"囿驺虞之珍群"。其《颂》则云："般般之兽（指驺虞），乐我君囿；白质黑章，其仪可（嘉）【喜】；旼旼睦睦，君子之能。盖闻其声，今观其来。厥途靡踪，天瑞之征。兹亦于舜，虞氏以兴。"这里的驺虞已经成为"天瑞之征"。毛公甚至说它"食自死之肉，不食生物"。又说"有至信之德则应之"。驺虞这个普通动物，在汉儒那里成为一个神圣象征。宋人吴仁杰注意到《山海经》和汉儒谈论驺虞的方式不同，他评论道："盖毛公欲傅会'仁如驺虞'之说，故尔。"与伏生、司马相如、毛公等大家不同，当时一般儒生并不认识《山海经》在经学方面的价值，仅以为言怪。所以，《山海经》的价值还有待于刘向、刘歆父子的阐释和宣传。

西汉末年，经学发展得越来越烦琐、陈腐。对此，年轻的刘歆是有所不满的，希望有所改良。刘歆校秘书之后，见到古文《春秋左氏传》，"大好之"。原本跟随刘向负责校理数术类著作的尹咸因为能治《左传》，就被刘歆调来一同改校经传。刘歆引用传文解经，在原有的章句训诂的基础之上发展出一套新的理论，"由是，章句义理备焉"（《汉书·刘歆传》）。从此，刘歆对于古文著作的兴趣就发展起来。《毛诗》、逸《礼》、《古文尚书》都是他感兴趣的著作。《山海经》当时也是古文——即用古文字书写，不是使用隶书书写。《上〈山海经〉表》说：《山海经》所写"皆圣贤之遗事，古文之著明者也"。所以，刘歆和望整理的《山海经》三十二篇原文都是用"古文"书写的，校理之后为十八篇，"已定"，即经过"隶古定"，成为用所谓"今文"（即隶书）书写的著作。在初步完成了基于古文经之上的经学理论之后，刘歆于建平元年（前 6 年，正好与《山海经》校定完成的时间相同）提出增立古文经（包括《左氏春秋》、《毛诗》、逸《礼》、《古文尚书》）于学官的主张，目的是纠正今文经学的弊端，推动经学进一步发展。由此可知，《山海经》的校定和刘歆建立古文经学的努力具有一定关系。

作为《山海经》学术史上第一篇专题文章，刘歆《上〈山海经〉表》简要而全面地提出了《山海经》研究的各种问题，包括时代背景、作者、篇名、价值功能等。这位经学大师努力在经学范围之内为《山海经》寻找立身依据，所以，他对于这些问题的解答显示出浓厚的经学色彩。

在《山海经》的时代背景和作者问题上，刘歆借用儒家经典中大禹的传说来加以论证。大禹是古代著名的神话传说人物。在儒家经典中，大禹被塑造为一位极其贤明的远古君主，地位与尧、舜并列。《尚书·吕刑》云："禹平水土，主名山川。"《尚书·禹贡》云："禹敷土，随山刊木，奠高山大川。"并详述大禹导山、导水、划分九州、确定物产贡赋等政治制度的功业。按照通行的看法，《吕刑》产生于西周穆王时代，而《禹贡》成书于战国时代，其中也有春秋时代的内容。《尚书》中"主名山川"和"奠高山大川"意思是大禹为天下山川命名。这和《山海经》对于山川的命名是一致的；而《禹贡》中确定物产贡赋又与《山海经》所记物产一致。最重要的一点是，《山海经·中山经》结尾直接叙述大禹对天下的总结。显然《山海经》作者也是假托大禹所作。于是，刘歆《上〈山海经〉表》就把《山海经》和《尚书》中的大禹传说联系在一起。

刘歆把《山海经》的写作背景放置在大禹治水上，"《山海经》者，出于唐虞之际。昔洪水洋溢，漫衍中国……鲧既无功，而帝尧使禹继之。禹乘四载，随山栞（刊）木，定高山大川。"又说："禹别九州，任土作贡。"这一背景叙述，和《吕刑》、《禹贡》对于大禹事迹的叙述是完全一致的。而《山海经》的作者则被确定为协助大禹的益、伯翳等人：

益与伯翳主驱禽兽，命山川，类草木，别水土。四岳佐之，以周四方。逮人迹之所希至，及舟舆之所罕到。内别五方之山，外分八方之海，纪其珍宝奇物，异方之所生，水土草木禽兽昆虫麟凤之所止，祯祥之所隐，及四海之外，绝域之国，殊类之人。禹别九州，任土作贡；而益等类物善恶，著《山海经》。

刘歆显然发现了《山海经》所写内容和大禹君臣事迹之间的结构对应关系。在我们的远古历史传说中，也只有大禹君臣的足迹遍及四海内外。把《山海经》的写作与禹、益等圣贤联

系在一起，和古代把《禹贡》著作权归于大禹一样，无疑将大大提高此书在经学时代的价值。所以，刘歆在上述论述之后得出的结论就是：《山海经》所写"皆圣贤之遗事，古文之著明者也。其事质明有信"。在他的说明中，清楚显示出《山海经》是一部自然与人文地理志，既真实又神圣。这样，他就打消了一般儒生对于《山海经》真实性的怀疑。刘歆把《山海经》与《尚书·禹贡》并列起来，既是经学时代的特殊需要，也是基本符合事实的。直到今天，这两部著作仍然被并列为中国古代地理学的两大高峰。

刘歆把《山海经》的写作归功于大禹君臣，被一般古代学者接受。王充《论衡》云："禹主治水，益主记异物，海外山表，无远不至。以所闻见作《山海经》。"赵晔《吴越春秋·越王无余外传》云："（禹）遂巡行四渎，与益、夔共谋。行到名山大泽，召其神而问之。山川脉理，金玉所有，鸟兽昆虫之类，及八方之民俗，殊国异域土地里数，使益疏而记之，故名之曰《山海经》。"赵晔完全接受了刘歆的看法，只是根据大禹治水传说的不同异文，把益的同伴伯翳换成了夔。北朝颜之推、宋晁公武、清毕沅、郝懿行等都持此说。

不过，由于大禹时代太遥远，而书中后代羼入因素颇多，所以怀疑《山海经》作者为大禹君臣的学者代代皆有。比如，唐代陆淳《春秋集传纂例》："啖子曰：……《山海经》广说殷时，而云夏禹所记。自余书籍，比比甚多。是知三传之义，本皆口传。后之学者乃著竹帛，而以祖师之目题之。"杜佑《通典》卷一七四云："《禹本纪》、《山海经》，不知何代之书。详

其恢怪不经，疑夫子删诗书以后尚奇者所作。或先有其书，如诡诞之言，必后人所加也。"南宋尤袤、朱熹、明代王崇庆都否定大禹君臣的著作权。于是，关于《山海经》作者问题就演化为学术史上一个重要争论。

可是，《山海经》中存在大量的对于神怪的叙述，与正统儒学"子不语怪力乱神"的思想原则存在龃龉。作为一代大儒，刘歆必须正面解答书中怪物的意义，尽量减少与正统儒学的冲突。

他主要采用了两个办法。其一是把怪物的距离推远。刘歆说，益和伯翳记录了远方的怪物、奇人，为的是"类物善恶"——研究这些事物的真实性质，判断它们是善良的，还是有害的。按照这种说法，怪物、奇人出产于人迹罕至的远方或山海之间，自然禀赋不同。即使在中土之人眼中非常怪诞，但是实际上也是真实的。益和伯翳志怪的目的是要弄清楚事物的善恶性质，即对人类有益，还是有害。这样，益和伯翳这样的圣人言怪就合乎圣贤之道了。刘歆这种论说方法既是为《山海经》辩护，也是为汉代经学倡言灾异辩护。其二是利用儒家重视博学的原则，用近人的博学故事证实《山海经》。《论语》在"不语怪"原则之外，也十分重视博学的治学原则。孔子及其门徒不止一次讲："君子博学于文，约之以礼。"对于博学君子，如子产，孔子也是赞扬的。因此，这个博学原则是可以利用来对抗"不语怪"原则的——孔子这两个原则之间暗含矛盾。按照刘歆的说法，汉武帝时代有人献异鸟，什么都不吃。东方朔根据《山海经》，不但叫出它的名字，而且正确说出了

它应该吃的食物。果然，事情的结局正如东方朔所言。刘歆的另外一个例证是，汉宣帝时，在上郡从岩洞中发现反缚盗械尸体，不知何物。刘向根据《山海经》，解释说这就是因杀窦窳而被天帝反缚双手，关押在疏属之山的贰负之臣。刘歆利用这两个关于怪物的故事说明《山海经》所写怪物是真实的，所以，它具有经学和博物学价值——"……文学大儒皆读学（《山海经》），以为奇可以考祯祥变怪之物，见远国异人之谣俗。故《易》曰：'言天下之至赜而不可乱也。'博物之君子，其可不惑焉。"（《上〈山海经〉表》）

刘歆通过上述两个办法，试图证实《山海经》所记述的各种事物都是真实可信的。其论证在当时的效果是很大的。

正统的儒学虽然也有一定的神秘因素，但是主导倾向是遵循"子不语怪力乱神"思想原则的，汉代经学对此却有所背离。为了符合正统要求，汉儒必须证明他们所讲的灾异都是真实可信的。刘向发现"反缚盗械尸"和《山海经》关于贰负之臣的传说在形态上的相似，于是推论"反缚盗械尸"就是贰负之臣。这其实是用现在的事实去证明《山海经》中神奇记述的真实性。这个"证明"使得《山海经》中的怪异成了事实，那么谈论这些怪异就不再是"怪力乱神"，不再违背儒学正统。所以，这件事才引起朝士们对《山海经》的关切，文学大儒们也争相阅读。他们针对《山海经》的"奇"，专门作出"可以考祯祥变怪之物，见远国异人之谣俗"的肯定评价。其实，《山海经》中的"祯祥变怪之物"和"远国异人之谣俗"都是怪异性质的虚构。"远国异人之谣俗"或者还有一点域外风俗志的功能，"祯祥变怪之物"则主要是适合汉代经学家好言灾变的口味。

刘歆把《山海经》所写神怪归结为远古、远方之物，实际上是利用"天下之大，无奇不有"的观念，来消除人们对于《山海经》怪物的怀疑；同时兼用博学原则，回避史学、经学对于《山海经》语怪的责难。这种策略，取得了一定的成功，并为后世喜爱《山海经》的学者广泛采用。

经过这一番论证，刘歆把《山海经》中的地理因素和神怪因素都肯定下来。不过，这种论证毕竟是被动的，也不能完全摆脱正统儒学的责难。因此，刘向、刘歆父子虽然使《山海经》得到文学大儒们的一时关注，但是定本出现以后，在汉代并没有产生直接的大影响，也没有人注解它。故，郭璞《注〈山海经〉叙》说："盖此书跨世七代，历载三千，虽暂显于汉，而寻亦寝废。"

随着社会发展，儒家、道家交替主导中国社会思潮。对于《山海经》中的超自然现象，"怪力乱神"，各家争论不断。所以，如何评价"怪力乱神"、如何对待博学，一直是古代《山海经》研究中一个至关重要的问题，相关论辩贯穿了整个学术史。

（三）从"形法家"看《山海经》在汉代知识体系中的地位

《山海经》在汉代知识体系中的地位可以从刘歆《七略》（见于《汉书·艺文志》）所确定的《山海经》图书分类属性来

探讨。

刘歆《七略》是我国第一部全国综合性图书分类体系。它是作者对于先秦至西汉学术文化的总结，全面展示了汉代知识体系，同时也体现了西汉时代以儒学思想为核心的学术观念。《七略》失传。根据班固《汉书·艺文志》记载，《七略》包括《辑略》、《六艺略》、《诸子略》、《诗赋略》、《兵书略》、《数术略》和《方技略》。其中《辑略》是总论，实际的图书分类只有后面六类。与经学的意识形态地位相适应，处于首位的是《六艺略》，其中收录儒家六经和《论语》、《孝经》以及小学著作。《诸子略》包括十家，也是以儒家为首。《诗赋略》收文学著作。《兵书略》收军事学著作。《数术略》收天文、历谱、五行、蓍龟、杂占和形法六类。《方技略》收医学和养生类著作。总之，刘歆《七略》以儒家经学为依据，全面系统地总结了古代学术文化，是汉代最完整的知识体系。

《山海经》在这个知识体系中处于何种地位呢？据沿袭刘歆《七略》的《汉书·艺文志》所载，《山海经》被归入数术略形法家。

数术略共百九十家二千五百二十八卷。"数术者，皆明堂、羲和、史卜之职也。"包括天文、历谱、五行、蓍龟、杂占和形法等六类，都属于研究大宇宙，即所谓"天道"或"天地之道"的学问。其中既有对于大自然的观察认识，也有占卜、望气、堪舆、择日的巫术迷信。天文学与占星术紧密相连，地理学与相地术、堪舆术相互依存。与数术略的情况相似，研究人类生命的学问则收入方技略，方技略同时包括医学、房中术和神仙养生术。这说明，当时的科学和巫术还混合在一起。这种知识形态体现了先秦时代中国人对于大自然的实际认识水平。

形法家，主要是所谓"相术"。其中包括六部书，即《山海经》、《国朝》、《宫宅地形》、《相人》、《相六畜》、《相宝剑刀》。李零把它们分成两类：一、相地形、相宅墓（类似于后世的看风水）。相当于形法小序中所谓的"大举九州之势，以立城郭室舍形"。二、相人、相六畜、相刀剑。相当于形法小序中所谓的"人及六畜骨法之度数，器物之形容"。笔者以为这割裂了形法家的内在统一性。虽然各书所写内容不同，但是《艺文志》把它们统一在"形法"一家之内，是有根据的。根据就是各家都是从外形和内在气质本性之间的关系来探讨自然万物。小序结尾说："犹律有长短而各征其声，非有鬼神，数自然也。然形与气相首尾，亦有有其形而无其气，有其气而无其形。此精微之独异也。"如果我们硬把形法家再细分为两类，那么《山海经》就会难以归类。因为，《山海经》的《山经》部分，既叙述山势水形，也叙述了许多禽兽、物产。其中《海经》部分更多的是远方异族。所以说，一部《山海经》既包含相地形的成分，也包括了相人、相畜、相物的因素。正如《海外南经》开头所说："地之所载，六合之间，四海之内，照之以日月，经之以星辰，纪之以四时，要之以太岁。神灵所生，其物异形，或夭或寿，唯圣人能通其道。"这里囊括了天地万物，把握这一切，就是要"能通其道"，也就是了解万物的气质本性。《艺文志》形法家小序结尾的话可以与此相互发明，作者的确通晓了形法家著作中的"道"——"非有鬼神，数自然也。"《山海经》就是一部"相"山海万物（包括人类）的著作，目的是通万物之道。

古人对于形法家的内在统一性是有所认识的。元吴澄《吴文正集》卷三〇《赠郭荣寿序》云：

或问："相地、相人一术乎？"曰："一术也。"吾何以知之？从《艺文志》有宫宅地形书二十卷、相人书二十四卷，并属形法家。其叙略曰："大举九州之势以立城郭室舍。"又曰："形人骨法之度数，以求其声气贵贱吉凶。"然则二术同出一原也。后之人不能兼该，遂各专其一，而析为二术尔。庐陵郭荣寿善风鉴，又喜谈地理，庶乎二术而一之者夫？二术俱谓之形法，何哉？盖地有形，人亦有形。是于各于其形而观其法焉。

看来，吴澄是认识到形法家各种知识的内在统一性的。

形法家的"相"万物，并非后代相面的"相"，而是对于事物的观察，通过观察了解事物。尽管由于当时社会总体气氛中巫术思想浓厚、科学水平低下而导致这种观察结论存在迷信成分，但是总体上来说，形法家的知识是属于客观知识范畴的。"非有鬼神，数自然也"就揭示了形法家知识的客观属性。《山海经》是相地、相人、相物的，把地理记录和"相"联系在一起，暗示了一种地理决定论的雏形。那么，《山海经》实际上就是当时人们心目中的自然地理学和人文地理学。只是由于当时知识形态的特殊性，以及地理学水平不高（没有独立，著作不多），只好采用了"形法家"的称呼。与此相似，《尚书·禹贡》在今天看来都是地理书。但是，在没有独立地理学的情况下也被归入六艺略（儒经）。

根据以上所论，《艺文志》对于《山海经》性质是形法家的看法，和刘歆《上〈山海经〉表》认为它是大禹君臣见闻记录——即自然与人文地理志的意见是一致的。这也和王景用《山海经》治理黄河的实践活动相互呼应。《山海经》列入数术略形法家，表明它在汉代被视为一种关于大自然的实用知识。这种科学限于当时人类的认识水平，记录并不准确，甚至还带有比较浓厚的巫术色彩。

后代学者往往不了解形法家的含义，以为《艺文志》把《山海经》十三篇归入形法家是失误。例如，明代焦竑云：（《山海经》）"入形法家非，改地里（理）。"至于毕沅《〈山海经〉古今篇目考》认为《山海经》"以有图，故在形法家"的说法，实为臆测。章学诚《文史通义》基本认为《汉志》形法家就是"后世地理专门书"，"地理则形家之言，专门立说，所谓道也。《汉志》所录《山海经》之属，附条别次，所谓器也"，"……地理与形法家言，相为经纬"。但是，又遗憾地表示："形法之家，不出五行、杂占二条，惟《山海经》宜出地理书专门，而无其部次，故强著之形法也。"这表明，章学诚在如何看待形法家言的属性方面摇摆不定。现代学者批评《艺文志》把《山海经》归入形法家"不恰当"，或直接把形法家（包括《山海经》）视为巫书，也都源于误解了"形法家"的真实含义，不了解当时的知识形态里科学与巫术是非常接近的，错误地以为"形法家"只是巫术迷信。

1284

　　沈海波认为形法家的书都是"占卜书"，而《山经》以记述地理物产为主，跟"考祯祥"绝不相干，因此《艺文志》形法家所收录的只是《海经》十三篇，不包含《山经》五篇。沈海波的说法对《山经》的理解不全面，忽略了其中存在很多具有祯祥意义的事物，例如《西山经》中的预示丰收的狡，《中山经》的预示瘟疫的跂踵；更割裂了《山经》和《海经》的统一性。

　　茅盾正确认识到《汉书》中"大举九州之势以立城郭室舍形"的形法家与《隋书》史部地理类之意相同，故有"自《汉志》以至《隋志》，中间五百多年，对于《山海经》的观念没有变更"的判断。不过，茅盾尚未认识到形法家所属知识体系与史部地理类所属知识体系之间的差别。其实，不仅刘歆、班固肯定《山海经》的写实属性，其前的刘安，其后的王充、赵晔，也都基本肯定这一点。汉代多数学者把《山海经》视为地理志性质的著作，虽然对其真实程度评价不一。由于当时没有独立的纯粹的地理学科，班固只好把它和其他著作归入"形法家"。随着知识形态和学术的演变，原本一体的知识分支开始分化。完全客观的地理学在魏晋以后逐步独立，出现了挚虞《畿服》、郦道元《水经注》等一大批地理学著作，齐时陆澄合160家地理著作为"地理书"。地理学著作成为整个知识系统中独立的一家。所以，到了《隋书·经籍志》编纂时代人们就顺理成章地把《山海经》纳入了"史部地理类"。而原来那些相书则被分别归入"五行""堪舆"等巫术性知识类别。这是中国古代知识形态的一次巨大变化和巨大进步。

当然历史上也有反对《山海经》入地理类的学者。《宋史·艺文志》把它归入"五行类"。那是不正确的。此后，胡应麟、四库馆臣正式判定《山海经》为小说家言。但是，此派观点颇遭批评。

不过，刘歆《上〈山海经〉表》和班固《汉书·艺文志》对于《山海经》作为地理志在政治军事领域的实用价值并没有直接的评价。在先秦时代和汉初，人们相信《山海经》记录了全国所有重要资源和交通要道，即所谓"天下要害"。但是，随着汉代疆域开拓，人们逐步认识到《山海经》所述地理与实际之间存在差距。书中所述矿产资源，也只是古人按照当时探矿技术的推测。日本学者伊藤清司《中国古代文化与日本·〈山海经〉研究》认为："《〈管子〉地数篇》、《山经》的探矿术似乎是充满咒术禁忌的神秘的东西。""……我们不能认为《山经》所记载的矿产资源全部具备了实际可以充分采掘的必要条件（埋藏量、矿质、地理位置、有无禁忌等），不能认为它已是国家财富和公私企业对象。"《山海经》的矿藏记录是靠不住的。因此，到了刘歆校书的时候，人们已经不大相信《山海经》的实用价值。这就是刘歆没有正面评价《山海经》政治实用价值的原因。

（四）经学衰微和王充的《山海经》研究

1. 传播范围的进一步扩大对于《山海经》社会功能的影响

随着《山海经》地理记录的可靠性普遍受到怀疑，东汉时代国家不再把《山海经》当作"藏宝图"看待，对于此类地理

知识的垄断就被弃置了。于是，《山海经》的传播范围得到进一步扩大。根据刘歆《上〈山海经〉表》，到了西汉末年刘向时代，文学大儒都可以看《山海经》。而东汉时代，一些普通知识分子也都可以接触、研究《山海经》了。王充（27—约97），字仲任。入太学，从班彪学习。一生只担任过几次地方小官，主要从事私人著述活动。即《论衡·自纪篇》所谓的"充仕数不耦，而徒著书自纪"。其唯一流传至今的著作《论衡》对《山海经》进行了多方面的探讨。赵晔，字长君。东汉初年人，曾为县吏和犍为资中，一生主要从事学术研究和写作，属于下层士人。其《吴越春秋》详细叙述了大禹治水过程中如何指派益记录所见，形成《山海经》的过程。许慎（30—124）《说文》卷十三下云："劦，同力也，从三力。《山海经》曰：惟号之山，其风若劦。"今本《山海经·北山经》作："……鸡号之山，其风若飚。"《说文》又云："夷，从大，从弓。"段玉裁注云："惟东夷从大。大，人也。夷俗仁，仁者寿。有君子、不死之国。"看来，许慎对夷字的分析可能也是受《山海经》对夷人描写的影响。应劭，东汉末年人。他的《风俗通》云："《山海经》曰：祠鬼皆以雄鸡。"看来，应劭也是读过《山海经》的。王逸《楚辞章句》屡次引《山海经》文字注解《楚辞》，世人皆知。

随着流传范围的扩大，《山海经》走出皇家秘藏，成为世人阅读的对象。这样，《山海经》就不再仅仅是记录国有资源的地理志（这方面的社会功能不断减弱），而且越来越成为满足个人爱好的读物。这些普通士人没有控制地理资源的野心和

王充

条件，他们是出于个人需要读《山海经》的。除了专职地理学家之外，一般人士看待《山海经》的眼光都会比较集中在书中那些虚构性的神怪方面。刘向时代的朝士和文学大儒们关注的都是其中的"奇"事，他们为的是当时经学言灾异的需要。后来，王充批判《山海经》所述神怪是虚构，也是针对当时人把虚构当真实的"虚妄"态度展开的。人们不再关注《山海经》的地理真实性，而是关注其所述神怪的真实性。《山海经》的地理志功能淡化了，而原本是自然包含在这部地理志之中、后来被司马迁特意提出的"神怪"内容逐步突显出来，成为《山海经》满足社会需要、发挥社会功能的新领域。社会功能的变化，自然影响到人们对《山海经》性质的认识。这一点在《山海经》学术史上发挥了重要影响。

2. 经学的衰微和王充对儒家经学的超越

西汉末年以后，由于利益关系，儒学内部所谓"今文经学"和"古文经学"之间的矛盾冲突愈演愈烈。刘歆在建平元年（前6）提出增立古文经于学官失败，后来凭借王莽的力量最终成功立于学官。但是，王莽很快覆灭。随着光武帝即位，今文经学再次成为主流。此后，今文经学与古文经学争斗不已，一直到汉章帝建初四年（79）的白虎观会议，双方争议不得不由皇帝亲自裁定是非。另外，经学的谶纬化倾向，使得一些正统经学家十分不满。东汉初年，大儒桓谭、范升、陈元、郑兴、杜林、卫宏、刘昆、桓荣、尹敏都反对谶纬之学，或对之保持冷淡态度。后来的王充更是尖锐批判神学目的论："夫天无为，故不言灾变，时至，气自为之。"张衡甚至上书请求禁止谶纬思想。这些思想斗争，使得经学在章帝以后逐步走向衰微。而汉武帝独尊儒术以后曾经衰落下去的黄老思想重新发展起来。正如《颜氏家训·劝学》所云："学之兴废，随世轻重。汉时贤俊皆以一经宏圣人之道，上明天时，下该人事，用此致卿相者多矣。末俗以来不复尔，空守章句，但诵师言，施之世务，殆无一可。故士大夫子弟皆以博涉为贵，不肯专儒。"

王充（27—约97）家族世有任侠传统，他虽然出身太学，但是不死守儒生章句之学，"淫读古文，甘闻异言"。王充认为博览群书是非常必要的，他说："人不博览者，不闻古今，不见事类，不知然否，犹目盲、耳聋、鼻痈者也。"所以，凭借自己超群的记忆力以及独特的读书方式，他终于摆脱了一般俗儒的狭隘眼光，达到了"博通众流百家之言"的境界。其中，他对于黄老自然思想推崇备极。这样，他摆脱了儒家经学的束缚。可是，王充对于黄老思想中的神仙方术也是批判的。《论衡·道虚篇》专门批判学道方士的升仙之说。可以说，王充发展了自己独特的思想体系。这样，他就能够从比较客观的立场来重新审视《山海经》，从而推动了《山海经》学的发展。

作为汉代比较强调实际经验的思想家，王充对于汉代经学的僵化和神秘化提出了尖锐批评。他否定儒家五经的绝对地位，主张一切是非不能靠五经来定，而要以事实和理性加以审查检验。《论衡·语增篇》云："凡天下之事不可增益，考察前后，效验自列。自列，则是非之实，有所定矣。"因此，王充能够摆脱儒家经学的笼罩，客观理性地对《山海经》加以研读，并将其结论运用到说理过程中。而我们要从王充的思想论辩中将有关《山海经》的内容剥离出来，加以研究。

3. 王充对于《山海经》内容虚实的辨析

王充重视博览兼通，更加重视亲身经历。对于基于实践的知识，他是非常肯定的。他认为《山海经》是出于禹、益的治水活动："禹、益并治洪水，禹主治水，益主记异物。海外山表，无远不至，以所闻见作《山海经》。非禹、益不能行远，《山海》不造。然则《山海》之造，见物博也。"

在他心目中，只有跋涉全国，见物广博的禹、益才能完成《山海经》。对于这样一部著作的地理志性质，王充是十分赞扬的："禹之治洪水，以益为佐。禹主治水，益之【主】记物。极天之广，穷地之长。辨四海之外，竟四山之表，三十五国之地，鸟兽草木、金石水土，莫不毕载……"因此，阅读《山海经》可以增进知识，解除疑惑。"董仲舒睹重常之鸟，刘子政晓贰负之尸，皆见《山海经》，故能立二事之说。使……董、刘不读《山海经》，不能定二疑。"

王充的上述结论似乎没有出刘歆的范围，只是用董仲舒的故事代替了东方朔的故事。东方朔，朝廷弄臣而已，而董仲舒是汉儒第一人。把东方朔换成董仲舒，这一置换是有意的。王充借此强调：博览此类书籍并非只是俳优小道，而是成就大家所必须。他说："自武帝以至今朝，数举贤良……若董仲舒、唐子高、谷子云、丁伯玉，策既中实，文说美善，博览膏腴之所生也。使四者经徒能摘，笔徒能记，不见古今之书，安能建美善于圣王之庭乎？"并嘲笑明帝时代朝中百官居然无人知晓《苏武传》中官名"移多监"，切中当时儒生徒事经学，知识浅薄的弊端。因此，王充根据自己博览兼通有利于成就大家的看法，高度评价了《山海经》在地理博物方面的认识价值。

王充思想的最大特点是"疾虚妄"。他本着黄老之学的自然观念，强调通过实践获得客观知识，否定虚构，否定儒家经学目的论，否定道教神仙术，对于东汉社会流行的各种虚妄观念进行了彻底清算。《论衡》中《书虚》、《变虚》、《异虚》、《感虚》、《福虚》、《祸虚》、《龙虚》、《雷虚》各篇对各种虚幻事物和观念逐一揭穿。王充虽然承认大禹和益造就了《山海经》，承认其基本内容的真实性质。但是，他对于《山海经》中存在的超自然因素（虚构因素）也分别进行了深入辨析。具体问题，具体分析，用经验事实和理性去加以论证。

《论衡》对于《山海经》中违反经验事实的内容做了批判。

按照《山海经》中《大荒经》和《海外经》的记载，羲和生十日，十日每天在东方的汤谷中沐浴。汤谷上有扶桑树，十日中九个歇息在下边的树枝，一个在上边的树枝。每天一个太阳由阳乌背负，上天巡行。这些故事是远古时代流传下来的神话，是原始人对大自然的幻想性解释。但是，汉代百姓却认为这是真实的。"世俗又名甲乙为日，甲至癸凡十日，日之有十，犹星之有五也。通人谈士，归于难知，不肯辨明。"因此，王充出于消除虚妄的社会需要，展开辨析。他以阳燧取火为例，证明太阳是火。"……日，火也；汤谷，水也。水火相贼，则十日浴于汤谷，当灭败也。火燃木，扶桑，木也，十日处其上，宜燋枯焉。今浴汤谷而光不灭，登扶桑而枝不燋不枯，与今日出同，不验于五行，故知十日非真日也。"王充的辨析，主要用经验事实加以验证，同时也使用了当时五行思想的理论解释，可以说是事实与理论并用，达到了很高的思想水平。

尤其值得注意的是，王充对于《山海经》中虚构内容的批判完全是客观的，和正统儒家经学不言"怪力乱神"的价值取向毫无关系。

但是，这个"十日非真"的结论，使人怀疑"作《山海经》"的大禹和益，并且威胁到王充对于《山海经》价值的肯定。王充显然意识到这一危险，所以他进一步解释大禹和益记录十日的原因说："然则所谓十日者，殆更自有他物，光质如日之状，居汤谷中水，时缘据扶桑，禹、益见之，则纪十日。……仰察一日，目犹眩耀，况察十日乎？当禹、益见之，若斗筐之状，故名之为日。"这样就把十日神话解释为视觉的误差和记录的被误解，而不是禹、益故意作伪。《山海经》的写实性质也得到了保护。王充把虚构神话合理化的这一解释方法，在中国神话学历史上是源远流长的。上承孔子对于"黄帝四面"的曲解，下开清人毕沅《山海经新校正》用"似人而已"解释"人面鸟身"的先河。从神话学角度看，王充把十日神话产生的原因归结为特殊的天文现象，这是中国神话思想史上的第一次，意义重大。所以，清人陈逢衡在其《山海经汇说》中高度评价王充的这一发明："王充《论衡·日虚篇》所谓'十日似日，非实日也'，诚为卓见"！

当代中国神话学研究中这种合理主义的解释也屡屡出现，如王红旗等人。这也部分地表明了中国文化中理性主义的深厚传统。

王充的高度理性主义精神，不仅仅体现在对于神怪的否定，更体现在对于未知领域的探究过程中。王充依靠经验理性验证虚实的方法在对付那些超出当时人类认识水平的问题时，遭遇到巨大困难。"凡事难知，是非难测。"由于没有远洋航海活动，当时中国人对于东海以外的世界没有任何体验。因此，讨论邹衍所谓的"大九州"理论的虚实就非常困难。没有个人体验，他只能用人类已知最广博的经验记录《山海经》和《淮南子·地形训》去说明："案邹子之知，不过禹。……案禹之《山经》，淮南之《地形》，以察邹子之书，虚妄之言也。"可是，根据《史记》中张骞的经历，《山海经》所记昆仑山并不真实。东海之外，流沙以西，大禹没有涉足，从作为宇宙中心的天极在九州西北而言，则九州之外似乎还应该有土地。所以，王充说："夫如是，邹衍之言未可非，禹纪《山海》、淮南《地形》未可信也。"表面上看，王充没有做出任何结论，但是他在实践经验尚未达到彻底解决问题的时候，客观地把问题留待未来，这种实事求是的态度是符合现代科学精神的，非常可贵，值得珍视。

在有关《山海经》的论述中，王充也出现失误。以《论衡·龙虚篇》为例。龙是《山海经》中常见的神秘动物，能够上下于天，通常作为神和人的坐骑。蓐收、勾芒、夏后启、祝融、冰夷都是"乘两龙"。王充说："《山海经》言四海之外，有乘龙蛇之人。世俗画龙之象，马首蛇尾。由此言之，马蛇之类也。"限于当时的认识水平，王充认为龙是一种现实存在的动物。《论衡·别通篇》云："涉浅水者见虾，其颇深者察鱼鳖，其尤深者观蛟龙。"他用《山海经》中人能乘龙，加上世俗关于龙的画像来证明龙属于马、蛇一类的动物，因而不能上下于天："以《山海经》言之……以俗世之画验之……知龙不能神，不能升天，天不以雷电取龙，明矣。世俗言龙神而升天者，妄矣。"王充对《山海经》的引用不符合《山海经》关于乘龙的实际。《山海经》中祝融"兽身人面，乘两龙"，勾芒"鸟身人面，乘两龙"，冰夷人面，但居于深渊，他们都属于神，能升天。只有夏后启（开）是人。但是，《山海经》说这个夏后启（开）"上三嫔于天，得《九辩》与《九歌》以下"。显然夏后启（开）所乘之龙，也是能够上下于天的。因此，虽然《山海经》没有明言龙能飞，却是不言自明的。王充认为《山海经》中龙不能飞，是误读了其中关于龙的叙述，他没有

认识到龙本身就是想象的产物。

王充对于儒家经学观念的突破，使他能够比较客观地评价《山海经》内容的真实与否，在当时的社会条件下具有重要意义。王充的思想对于魏晋时代玄学取代经学具有很大影响，他对《山海经》的认识也推动了后来的《山海经》研究。

总结《山海经》在汉代的遭遇，笔者认为：汉人是承认《山海经》的地理志性质的。司马迁也是按照地理志的要求来评价它的。由于其中地理叙述的不准确和多言神怪，人们对于其地理价值的评价并不高。汉代人最关注的是《山海经》中的神奇内容，无论是出于经学需要的刘歆肯定这些内容，还是反对经学的王充否定这些内容。这显示了《山海经》在后代社会所发挥的主要影响在于其中的神怪叙述。

魏晋时的《山海经》研究

（一）魏晋社会思潮与张华对《山海经》问题的回答

1. 魏晋社会思潮与《山海经》的影响

东汉后期以至魏晋时代激烈的权力斗争，使得士大夫们不得不远离政治，也就自然而然地渐渐远离了与政治扭结在一起的经学。他们向下强调个人生命，向上追寻宇宙终极本质，不再关注处于中间位置的社会政治。王弼根据老庄哲学发展出来的玄学理念，成为当时学术思想的核心。在这种社会思潮之下，人们对于世界、对于人生产生了新的认识。原本遭受儒家经学歧视的一些文化现象，如今都得到人们重新评价。人们依据新的价值观重新审视社会，审视古往今来的各种文化传统。例如，王弼注解《老子》第五章"天地不仁，以万物为刍狗"云："天地任自然，无为无造，万物自相治理，故不仁也。"完全否定了汉儒自然观中的神学目的论，把大自然视为无目的的客观存在。这有助于魏晋人摆脱目的论束缚，他们可以单纯言怪，无须其具有任何目的性，不需要任何道德意义。

余英时《士与中国文化》认为，汉晋之际士大夫思想变迁

的最直接的因素是"士之群体自觉，而其尤重要者则为个体之自觉"。东汉时代，选举制度引发产生的人物品评与清议，使个人的名声变得至关重要。为了出名，必须全力以赴。汉末著名品评家郭林宗就专以才性取人，而道德不再是主要考核对象。才性常常体现在其人的文章创作中，体现在其人独特的行为上。于是，像王充《论衡》这样的反对儒生，尊崇黄老思想的"革命性"著作，就得到蔡邕、王朗等人极大的喜爱，视为秘宝，以为谈资。最终，该书得以广泛流传。赵壹恃才倨傲，无往而不标新立异，结果名动京师。发展到魏晋时代，就逐渐使得循规蹈矩、亦步亦趋的儒生被世人鄙弃，特立独行的新型人物大受赞赏。以竹林七贤为代表的一批人物成为时代宠儿。善于清谈、发言玄远的王弼因为《周易注》、《老子注》成为玄学宗师。整个学术潮流从经学时代的通经致用，转移到玄学时代清谈玄理，神游物外。于是，好奇、好博成为时代风尚。神奇、玄远的《山海经》正好适应这样的时代要求。

另外，出于自我觉醒，东汉后期的士人开始高度关注个人生命。儒家有"舍生取义"的说法，但是，《后汉书·马融传》记载：马融曾经拒绝大将军邓骘的邀请。不料后来遭遇战乱饥荒，马融十分后悔，说："古人有言，左手据天下之图，右手刎其喉，愚夫不为，所以然者，生贵于天地也。今以曲俗咫尺之羞，灭无訾之躯，殆非老庄所谓也。"生命被看做至高的价值。儒家强调忧国忧民，但是《古诗十九首》的作者们却发出"人生不满百，常怀千岁忧"的叹息，也是对既往的人生道路的否定。魏晋以降，士大夫们越来越重视个人生命。所以，养生、修道乃至于神仙之术就成为士大夫们十分关注的学问。神仙学，原本是一门古老的巫术。秦皇、汉武都曾经十分迷恋。但是，儒家经学不接受它，把它视为旁门左道。随着士大夫自我意识和老庄思想的发展，神仙术以其对于现实生活的超越和对自然生命的护持得到了正面肯定。曹操好长生不老术，招致不少方士（见曹植《辩道论》）。甘始、左慈、东郭延年等著名方士"皆为操所录，问其术而行之"（见《后汉书·方士列传》）。魏晋士人经常服用五石散以求长生。这样，原本属于江湖方士的神仙术就成为魏晋士大夫们青睐的正经学问。《山海经》中颇有一些原始的神仙不死观念，也正契合了魏晋士大夫们的新需要。

在这种情况下，以怪诞闻名的《山海经》终于得到了一个非常适合的传播环境。《山海经》内容遍及宇宙万物，上天入地无奇不究，是为博览者所必读；同时，书中囊括各种神怪，尤其是不死药一类的叙述，也令魏晋士人向往不已。于是，一大批高谈神怪的著作在《山海经》影响下陆续产生。

托名东方朔的《神异经》，被《四库全书总目提要》定为"当由六朝文士影撰而成"。此书分为东荒经、西荒经、南荒经、北荒经、中荒经、东南荒经、西南荒经、东北荒经和西北荒经等九篇，显然是模仿《山海经》之作。但是，其书略于地理，详于神异。书中把《山海经》的昆仑山、沃焦山、西王母、毛人、小人、苗民等内容一一引入，而加以发挥。难怪《四库提要》责难它"所载皆荒外之言，怪诞不经"。

托名东方朔的《十洲记》，又名《海内十洲记》，侯忠义

《中国文言小说史稿》认为大约是东汉或六朝文人假托之作。书中借东方朔之口答汉武帝问，详述八方巨海之中祖洲、瀛洲、玄洲、炎洲、长洲、元洲、流洲、生洲、凤麟洲、聚窟洲等所谓“十洲”，并谈及昆仑山、蓬莱山、沧海岛等神山仙阙。书中对于上述仙境中的真人神官、奇草异木、珍禽怪兽的描写，内容多模仿《山海经》。其中尤多长生不老药，例如元洲五芝涧水、瀛洲玉醴泉、祖洲不死草、聚窟洲反生香等。后两者还能起死回生。这些内容和《山海经》中关于不死药的叙述是基本一致的。

署名郭氏的《洞冥记》，余嘉锡《四库提要辨证》认为是梁元帝撰，侯忠义《中国文言小说史稿》认为是东汉或六朝人的作品。此书鼓吹神仙之学，所谓“洞冥”就是通过求仙，可以洞见幽远的哲理。全书杂记绝域遐荒所有之奇珍异宝，如祇国能照见鬼魅的金镜，乌哀国服一粒可以千岁不饥的薤和膏，还有所谓“却睡草”、“蹑空草”等等。

在迎合社会尚奇、尚博、求长生方面最成功的当数西晋人张华的《博物志》，而这部书和《山海经》的关系更加密切。张华（232～300），字茂先。自幼学业优博，图纬方伎之书，莫不详览，虽贵为太常博士、太子少傅、司空，进封壮武郡公，却好方术。出于神仙学和博物学需要，作者对于《山海经》异常熟悉。言地理，举凡昆仑、不周、四渎、八流，都引述《山海经》。言域外国族三十余种，主要来自《山海经》。言各地奇珍异宝，鸟兽鱼虫，像三珠树、不死树、赤泉、比翼鸟、虻等，也根据《山海经》。记述神宫仙人，连同

《山海经》一些重要神话，如女娲补天、夸父逐日、精卫填海也一概收录其中。作为一个大儒、高官，却如此热衷于神仙方士之术，热衷于《山海经》中虚无缥缈的记述，实在是那个时代的社会潮流所致。

《玄中记》，又名《郭氏玄中记》。南宋罗苹首先指出郭氏应指郭璞。《玄中记》叙述方域奇闻、山川物产、精怪变化，往往用《山海经》中材料。例如伏羲、女娲、刑天、狗封氏、丈夫民、奇肱氏等。其中《狗封氏》一条的内容与《山海经·海内北经》中犬封国的记载完全一致，而与同时代《搜神记》、《水经注》所言不同，罗苹即据此确定作者就是郭璞。

其他神异小说还有王浮《神异记》、葛洪《神仙传》、王嘉《拾遗记》等。

陶渊明（365～427）《读〈山海经〉十三首》是读了郭璞《山海经注》、《图赞》和《山海经图》而发的感想。全诗重点在于求长生不死。写西王母，羡慕其"天地共俱生，不知几何年"。写三青鸟，则"我欲因此鸟，具向王母言。在世无所须，唯酒与长年"。第八首云："赤泉给我饮，员丘足我粮。方与三辰游，寿考岂渠央？"第九首咏精卫、刑天，也是感慨："徒设在昔心，良辰讵可待？"意思是徒然设下死后的结局，复活哪里可以盼得到？所以，这组作品主要从升仙方面表现了当时人对于《山海经》的热爱。这组诗歌是《山海经》广泛流传的结果；而组诗的声名又反过来推动了《山海经》的进一步传播。历史上应和陶渊明组诗的作品有苏轼《和〈读山海经〉十三首》、元刘因《静修集·和〈读山海经〉十三首》、元郝经《陵

川集·读〈山海经〉十三首》、明李贤《古穰集·读〈山海经〉十三首》、明黄淳耀《陶菴全集·和〈读山海经〉十三首》等。这些组诗反映了《山海经》在文学史上的深远影响。

由上述作品的出现可知，好异、好博、好长生的时代风气，使得《山海经》成为当时人至为喜爱的作品。

2. 张华《博物志》对于《山海经》问题的解答

魏晋士大夫不仅阅读，还深入研究《山海经》。

张华《博物志》卷一陈述其写作目的云："余视《山海经》、《禹贡》、《尔雅》、《说文》，地志虽曰悉备，各有所不载者，作略说。出所不见，粗言远方……博物之士，览而鉴焉。"的确，《博物志》对《山海经》中言而未详的事物做了补充说明。例如，《海外南经》有所谓"三株（珠）树"和"不死民……其为人黑色，寿，不死。"经文中没有说明为什么不死，如何不死。张华《博物志》卷一《物产》在简述三株（珠）树后，云："员丘山上有不死树。食之乃寿。有赤泉，饮之不老。"这正是进一步说明所谓"不死民"为什么得以不死。后来郭璞在注解《海外南经》中"不死民"时就照搬了张华的话："有员丘山。上有不死树，食之乃寿。亦有赤泉，饮之不老。"并被后来陶渊明《读〈山海经〉十三首》所沿用："赤泉给我饮，员丘足我粮。"又比如，《海外南经》有"周饶国，其为人短小冠带"。短小到什么程度？《博物志》卷二《异人异物》云："东海之外，大荒之中有大（小）人国焦侥氏，长三丈（尺）。《时（诗）含神雾》日（曰）东北极人长九丈（寸）。"郭璞注沿袭张华之说："其人长三尺，穴居，能为机巧，有五谷也。又

《外传》云：‘焦侥民长三尺，短之至也。’《诗合（含）神雾》曰：‘从中州以东西（两）千万里得焦侥国，入长一尺五寸也。’”另外《海外南经》的三苗国、《海外北经》的无綮之国、《海外东经》的君子国等，张华都有较为详细的说明。此处从略。

张华《博物志》大量引述《山海经》并非掠美，而是为了有所总结。比如《山海经》说中国大地四周有四海。这可能是当时人基于古代神话的一种想象。顾颉刚认为《禹贡》写作时代已经认识到中国西方和北方没有海洋。但是，张华根据汉代霍去病北伐单于，至翰海（实为呼伦湖、贝尔湖）而还的史实，认为存在北海。他又根据张骞渡西海（可能是黑海），确定了西海的存在。张华对天地山川总格局进行的简略概括，是根据魏晋时代的天文地理学知识水平做出的。虽然不正确，但是代表了那个时代的实际科学知识水平。

张华对于《山海经》等书所记各种物产也进行了总结性分析，值得关注。《博物志》卷一《物产》云："地性含水土山泉者，引地气也。山有沙者生金，有谷者生玉。名山生芝、不死之草。……土山多云，铁山多石。""名山大川，孔穴相纳。和气所出，则生石脂、玉膏，食之不死。"这里所涉及的不死之草、石脂、玉膏都是出自《山海经》。

《海经》以下主要叙述奇形怪状的海外民族，多数来自传闻，历来怀疑者甚众。《山海经》的作者或编辑者大约也预感到这一点。故，《海外南经》开篇即云："地之所载，六合之间，四海之内，照之以日月，经之以星辰，纪之以四时，要之以太岁。神灵所生，其物异形，或夭或寿，唯圣人能通其道。"
不过，《山海经》一般只对这些海外民族的外形做简单描述，
并没有进一步说明其形状的产生原因。

《淮南子·地形训》依据地理决定论和阴阳五行理论对此
进行了解释：

东方，川谷之所注，日月之所出。其人兑（锐）形小头，
隆鼻大口，鸢肩企行；窍通于目，筋气属焉，苍色主肝；长大
早知而不寿。其地宜麦，多虎、豹。南方，阳气之所积，暑湿
居之。其人修行兑（锐）上，大口决胁（眦）。窍通于耳，血脉属焉，
赤色主心；早壮而夭。其地宜稻，多兕、象。西方高土，川谷出焉，日月入焉。其
人面末偻，修颈印行；窍通于鼻，皮革属焉，白色主肺；勇敢不仁。其地宜黍，多
牦、犀。北方幽晦不明，天之所闭也，寒水之所积也，蛰虫之所伏也。其人翕行短
颈，大肩下尻；窍通于阴，骨干属焉，黑色主肾；其人蠢愚禽兽而寿。其地宜菽，
多犬马。中央四达，风气之所通，雨露之所会也。其人大面短颐，美须恶肥；窍通
于口，肤肉属焉，黄色主胃；慧圣而好治。其地宜禾，多牛羊及六畜。

《淮南子》的五方顺序，与《大荒经》相同，保持着先秦
时代的传统。《淮南子》对五方人种的外形、寿命与个性特征
的描述，仍然不尽符合事实，但是，写实程度大大增加，与
《山海经》所描写异族的奇异外貌差别巨大，可能是作者参考
了汉代新获得的人种知识。

相比之下，《博物志》卷一《五方人氏》对各地人种的描
述尽管极其简略，但是精确多了：

> 东方少阳，日月所出，山谷清。其人佼好。
>
> 西方少阴，日月所入，其土窈冥。其人高鼻、深目、多毛。
>
> 南方太阳，土下水浅。其人大口、多傲。
>
> 北方太阴，土平广深。其人广面、缩颈。
>
> 中央四析，风雨交，山谷峻。其人端正。

这里的方位顺序是东西南北中，是写十字的顺序，明显跟《山海经》的顺时针方位顺序（南西北东中，或东南西北）大不相同。而其叙述的内容相当准确地反映了天下民族的基本外貌特征。所谓东方指的是中国东部沿海，可能也包括朝鲜、日本等地。说东方人长相佼好，表明东部人和中原地区的汉族人非常接近，长相符合中原人的审美标准。所谓西方，大致指当今新疆及其以西地区。说那里的人民"高鼻、深目、多毛"，显然符合当地白色人种的外貌特征。而所谓南方指的是五岭以南地区，说他们"大口、多傲"，意思是嘴比较大，脾气急躁。这大致符合南方人种的特征。所谓北方，指蒙古及其以北地区。那里的人民面部宽广，脖子短粗，仿佛缩着脖子一样。这符合现代蒙古人种的典型特征。所谓中央地区，实际就是中原地区。说这里的人长相端正，其实就是以中原人自己的眼光看待自己，当然是完全正常。总体上看，张华对各地人种特征的描述基本符合实际。不过，张华这段文字对东部和中部的人种特征总结为"端正"、"佼好"，具有一定的"文化自我中心主义"色彩。

张华不仅描述了各地人种差异，而且用阴阳观念和地理特

征解释了产生这些差异的原因。按照他的说法，东方属于少阳，即阳气初生之地，日月由此升起，同时其地山川清明，所以人长得漂亮。西方属于少阴，即阴气初生之地，日月由此下沉，同时土地辽远幽暗——这大概就是张华对西方人为什么"深目"的解释。南方属于太阳，即老阳，阳气过剩的地区。所以，南方人脾气急躁，口大。北方属于太阴，阴气过重，意味着当地寒冷，所以当地人都缩着脖子，最终导致脖子短。而当地土地极其平坦辽阔（这符合蒙古高原的特征），这大概就是张华对北方人种面部宽阔的解释。而中原地区，阴阳平衡，四季分明，风雨交会，山高谷深，所以人种长相端正。张华的上述解释并不科学。可是，他的探索在当时的思想条件下，是一个了不起的创造。

张华对五方人种的这些总结性研究正是对于《山海经·海外南经》开篇所提问题——"神灵所生，其物异形。或夭或寿，唯圣人能通其道"——的回答。他可以算得上是"能通其（指海外异族）道"的"圣人"了。因此，郭璞注《山海经》大量引用了张华的解说。

由此可见，当时好奇、尚博、求长生的风气推动了《山海经》的阅读和研究。张华的总结，以及后来郭璞的整理、注解《山海经》都是因应当时社会需求而进行的学术活动。

（二）郭璞对《山海经》的整理

1. 郭璞

郭璞（276～324），字景纯，河东闻喜（今山西闻喜县）

人。出身于寒门官僚家庭。《晋书·郭璞传》称："璞好经术，博学有高才，而讷于言论。辞赋为中兴之冠。好古文奇字，妙于阴阳算历。"他追随一位精于卜筮的郭公，得授《青囊中书》九卷，于是通晓了五行、天文、卜筮之术，"禳灾转祸，通致无方。虽京房、管辂不能过也"。郭璞一生的主要社会活动是占卜吉凶，或施行法术，并以此为世所重。达官贵人乃至于皇帝遇到大事都请他卜筮。他总结占验的六十多个例子，作《洞林》。抄录京房、费直等人的卜筮著作，作《新林》十篇、《卜韵》一篇。又有《游仙诗》一组名于世。世人多目为道家人物。但是，郭璞思想的主流还是儒家。卜筮之术，是早期儒学的一部分。郭璞继承的是汉儒京房、费直的《易》学传统。由于青年时代所受的经学熏陶和异族入侵的现实，郭璞对政治表现出很高的热情，表现出儒家积极入世的一面。他"上忧国政，下悲小己"，希望东晋王朝振兴国力，收复失地。所以，温峤、庾亮欲讨伐将要反叛的王敦时，郭璞给出的占卜结果是"大吉"；王敦准备反叛时，让他占卜，结果是"无成"。因此，被王敦杀害。

郭璞才华横溢，诗赋俱佳。在语言文字学、史学、地理学各方面都取得了重要成就。据《晋书·郭璞传》记载：郭璞"注释《尔雅》，别为《音义》、《图谱》。又注《三苍》、《方言》、《穆天子传》、《山海经》及《楚辞》、《子虚》、《上林赋》数十万言，皆传于世"。还有《毛诗拾遗》、《夏小正注》等儒学著作。所以，宋吴棫《韵补》著录《山海经赞》时称赞郭璞道："晋之字学，璞最深。"据《隋书·经籍志》、《旧唐书·经

籍志》，郭璞曾经注解或撰写《水经》三卷（或两卷），显示出郭璞的地理学修养。作为一位著名文学家，郭璞不仅为《山海经》作注，《新唐书·艺文志》记载，他还撰写了《山海经图赞》两卷、《山海经音》两卷。

由这样一位博学多才的大家研究、注解《山海经》，实在是学术史的幸事。因为他不仅能够很好地解释《山海经》，还能够充分代表当时社会风气和学术水平。

2. 《大荒四经》、《海内经》与《山海经》的合编

（1）郭璞合编《大荒四经》、《海内经》入《山海经》考

关于《大荒四经》和《海内经》的来源，一般认为是古已有之的两种著作，至迟也是西汉初年完成的。

魏晋时代风尚，使得《山海经》成为热门话题。笔者认为，比郭璞稍早的张华《博物志》所引《山海经》二十五种域外国族，主要是引自《海外经》，个别来自《海内南经》、《荒经》和《海内经》。可见张华读到了《山海经》十八篇和《荒经》以下五篇。《荒经》以下各篇进入《山海经》的条件成熟了。社会风尚促使郭璞重新整理这部古籍。郭璞对于《山海经》的整理主要体现在把《大荒四经》、《海内经》合编于《山海经》十八篇之中，并改篇为卷，成为二十三卷。

毕沅《山海经新校正序》认为《五藏山经》是大禹所作，《海外经》四篇、《海内经》四篇述于周秦，"刘秀（歆）释而增其文，是《大荒经》以下五篇也"。毕沅认为刘向整理的《山海经》是十三篇，为《汉书》著录。刘歆增收《大荒经》以下五篇，成十八篇。根据是明道藏本《总目录·海内经第十

八》下"此《海内经》及《大荒经》本皆进在外",毕沅注："此郭（璞）注欤？"毕沅对于"郭注"的猜测大概只有一个根据，就是该目录附在郭璞《注〈山海经〉叙》之后。此证据有误。看来，毕沅否定郭璞合编的说法主要是由于古今《山海经》篇目数量不同造成的推测。

今人张宗祥反对毕沅之说。张云：

……此书各经皆以南西北东为次，而《荒经》以下独否。说者以五篇为释经之外篇，古本别行，郭作传时并之。窃疑《海内经》当在《海内四经》以下，犹四山之有中山也。《海外四经》，又当在《海内经》之下，以接《大荒》。《大荒四经》，亦当以南西北东为次。则十八篇井然符合。此（指今本）必后人羼乱。安见刘、郭有所更并乎？

张说《海内经》当在《海内四经》之下，犹《中山经》在《四山经》之下，欠妥。中山位于中部，海内不可能有中。《山海经》言四海，只是讲四方异族而已，故不可能有中海。张又臆改《大荒经》以下五篇次序。其说不可从。

袁行霈先生正确批评了毕沅、郝懿行《大荒经》以下五篇是刘歆或后人注释《海外四经》、《海内四经》的说法。但是，袁先生认为《大荒四经》是原来《海外经》的一部分，《海内经》是原来《海内四经》的一部分。可能是因为刘歆嫌其文字重复错乱，或神话色彩过于浓厚而删除，为的是遵循儒家对于神怪的怀疑态度，"以求'质明有信'"。此说似可商榷。对比

《大荒四经》、《海内经》和《海外四经》、《海内四经》，它们的方位顺序完全不同，前二者是东南西北，后二者是南西北东，明显是两个系统的东西。至于神话色彩的浓厚程度，前后双方没有明显区别。甚至于在双方对于同一国族的描述中，《海外四经》、《海内四经》的内容反而更加荒诞，例如《大荒东经》君子国"其人衣冠带剑"，简略朴实；而《海外东经》君子国除此以外还有"食兽，使二大虎在旁。其人好让不争。有薰华草，朝生夕死"云云。所以，《大荒四经》、《海内经》并非是从《海外四经》、《海内四经》中删下来的。

笔者根据《隋书·经籍志》和《新唐书·艺文志》，认为郭璞注本原来是二十三卷，比刘歆十八篇本的篇目数多五卷，应该是郭璞增加了《大荒四经》和《海内经》。毕沅以后学者多根据明道藏本"此《海内经》及《大荒经》本皆进在外"，或南宋淳熙七年（1180）池阳郡斋尤袤刻本《山海经目总十八卷·海内经第十八》下云："此《海内经》及《大荒经》本皆逸在外"一语，认为是郭璞注文，由此推定篇目。误，此篇目是尤袤或他人所加。

《大荒四经》、《海内经》全是对于远方异族、神怪的叙述，比《山经》更加虚无缥缈，而且与《海外四经》、《海内四经》存在矛盾冲突和重复。若不是魏晋时代过于好博、好奇的风气，很难想象郭璞把它们编入《山海经》。

（2）郭璞注本篇目的争议与考证

由于郭璞时代书籍已经由刘歆时代的竹简改为纸卷，所以郭璞注本不再称篇，改称卷。由刘歆十八篇（《山经》十篇、

《海外四经》、《海内四经》各四篇），加上《荒经》以下五篇，扩大为二十三卷。至此，今本《山海经》的内容基本定型，只是今本的分卷方法和卷数尚未固定。

郭璞合编并传注的《山海经》篇目存在的第一个疑难点是二十三卷，还是十八卷，争议甚多。《隋书·经籍志》和《新唐书·艺文志》著录的郭传《山海经》均为二十三卷。但是完整的二十三卷本今已失传，连篇目也未留下。而《旧唐书·经籍志》著录为十八卷，南宋尤袤刻本《山海经传》中郭璞《注〈山海经〉叙》附录的总篇目也为十八卷，与今本同。

今查日本汲古书院编《日本书目大成》所收藤原佐世《日本国见在书目录》（唐贞观年间成书，日本明治年间抄本影印本）第二十一类"土地家"下首列"《山海经》二十一（三、）卷。郭璞注，见十八卷。《山海经（图、）赞》二卷，郭璞注。《山海经抄》一卷。《山海经略》一卷"。则唐代流传到日本的郭注《山海经》也同时存在二十一（当为"三"）卷本和十八卷本（以下简称日本古本）两种。

那么郭璞注本的原始面貌究竟是二十三卷，还是十八卷？这就成为一个问题。

对于这个二十三卷和十八卷的矛盾，《四库全书总目提要》认为："郭璞注此书，见于《晋书》本传。隋、唐二志皆云二十三卷，今本乃少五卷，疑后人并其卷帙以就刘秀奏中一十八篇之数，非阙佚也。"袁珂认为，郭璞采用刘歆校定的《山海经》十八篇本加上《大荒四经》、《海内经》成为这二十三卷，即《隋书·经籍志》和《新唐书·艺文志》著录的《山海经》

篇目数。而《旧唐书·经籍志》收录的郭璞十八卷本《山海经》，亦即今日所传《山海经》十八卷所本，只是"为了凑合刘秀（歆）一十八篇之数，另行编排之后的面目"。此说甚好，但是，纯粹从数字推理，证据尚不足。而且，此说还意味着今本郭璞《注〈山海经〉叙》后附录的十八卷细目也是经过后人修改的，这一点似乎还有疑问。但是，笔者认为它其实是宋人所造，并不能否定袁珂上述推理。待下文详辨。

郭璞注本由于加上了《荒经》以下五篇，故作二十三篇，按照当时书籍形式发生变化，从简册变成卷子，所以把篇改称卷，故作二十三卷。但是，好古的人们颇不满意它和刘歆所谓十八篇之数的不合，又不明白郭璞增加了五篇，于是只好设法合并篇目，以凑合十八之数。凑合工作在唐代已经开始。《日本国见在书目录》同时著录二十三卷和十八卷两种郭注本。其后，五代后晋刘昫《旧唐书》也著录郭注十八卷《山海经》。宋代《崇文总目》（1041）著录本为"郭璞注十八卷"。北宋欧阳修主编的《新唐书》仍旧著录二十三卷本。但是，宋代三修道藏，其中至少两次皆收《山海经》，均为十八卷，只是分卷方法稍异。于是，在道藏本影响下，十八卷本逐步取代二十三卷本。

其实，宋道藏本《山海经》与今本十八卷本虽然卷数相同，但是具体的分卷方法完全不同。宋代有两种道藏本郭璞注《山海经》十八卷。其一，按照薛季宣《浪语集》所说，其中《五山经》十卷，《海外经》六卷，《海内经》、《大荒经》各一卷。其二，按照尤袤跋语所说，是《南山》、《东山经》各为一卷。《西山》、《北山》各分为上下两卷。《中山》为上中下三卷，别以《中山东、北》为一卷。《海外南》、《海外东、北》、《海内西、南》、《海内东、北》、《大荒东、南》、《大荒西》、《大荒北》、《海内经》总为十八卷。均与今本郭璞注十八卷的分卷方法不同。这是郭璞注《山海经》原始篇目研究的第二个疑难点。但是论者不多，可能是相关材料有些冷僻造成的。

宋代两种道藏本分《五山经》为十卷，符合刘歆当年校定的十八篇本中《山经》的数目（另有《海外四经》、《海内四经》等八篇）。但是它们的《海经》、《荒经》部分分卷方法混乱，而且每卷分量畸重畸轻，十分不合理。这表明，这些佚名的编辑者是为了凑合刘歆《上〈山海经〉表》所谓的十八篇总数而另行编排的篇目。

其中尤袤所见道藏本实际上保留了二十三卷本的残迹，也就是说，它的分篇方法相当于二十三卷本。即《南山》、《东山经》各为一卷。《西山》、《北山》各分为上下两卷。《中山》为上、中、下三卷。《中山东》、《中山北》各为一卷（具体所指尚不明）。《海外南》、《海外东》、《海外北》、《海内西》、《海内南》、《海内东》、《海内北》、《大荒东》、《大荒南》、《大荒西》、《大荒北》、《海内经》。

南宋《中兴书目》（1178 年完成）著录的都是政府藏书，其卷三"地理类"云："《山海经》十八卷：晋郭璞传，凡二十三篇，每卷有赞。"这个秘阁本表面分十八卷，实际却是二十三篇的本子，和日本古本、尤袤所见道藏本十分相似。尤袤《遂初堂书目》著录两种本子，其中"秘阁本《山海经》"当是此书，而"池州本《山海经》"是他自刻。

在《四库提要》和袁珂关于郭璞注本原为二十三卷的意见基础上，以为这种十八卷而内含二十三篇的本子正好反映了从实际的二十三卷本向十八卷本过渡的情况。

南宋初年，郭璞的二十三卷注本和无名的十八卷本仍然同时流传。郑樵（1104～1162）《通志·艺文略》"方物类"著录"《山海经》二十三卷，郭璞撰。《山海经》十八卷。《山海经图赞》二卷，郭璞注。《山海经音》二卷"。

由于宋道藏本的编排过于不合理，其后又有人合并《山经》十卷为五卷，重新编排出了今本十八卷的模样。这就是尤袤《山海经传》跋和王应麟《〈艺文志〉考证》和《小学绀珠》卷四所提到的所谓"刘歆所定本十八篇"。这种"十八篇"本分篇法和今十八卷本全同，所以它和刘歆十八篇本完全不是一回事。过去也一直未见。其出现时间大致在北宋中期以后，即人们经过多次重新编排郭注二十三卷为十八卷的试验之后。最迟是南宋尤袤刻书之时。笔者推测，可能是尤袤所根据之所谓"刘歆所定本"的作者，或者就是尤袤本人编定的。这样，前文留下的关于今本郭璞《注〈山海经〉叙》后附录的十八卷总目的疑问就解决了。它不是郭璞所作，不能作为郭璞注原作十八卷的证据。

今故宫博物院存元代曹善抄本《山海经》四册十八卷，可能抄自宋本。清乾隆年间所修《石渠宝笈》卷十有著录。周士琦以其第一册（《南山经》、《西山经》和《北山经》）影本比对郝懿行本，发现有五类证据显示此抄本优于明清各本。并因宋刻本与明本差异甚少而判定："曹善这个手抄本决不是从宋刻本出，其所据祖本当为时代更早的写本。"笔者只读过《故宫周刊》发表的曹善抄本前三卷的照片，未见全书。根据张宗祥《足本山海经图赞》所引其卷次目录，笔者以为，此抄本十八卷分卷方法与今本全同，其祖本必是与尤袤所见"刘歆所定本"类似，其时代应该相互接近。至于其文字优于尤袤本，或许是尤氏刻本失于校刻不精所致。至于其有无《山海经目总十八卷》，待查。

明清时代《山海经》诸本中附录的《山海经目录总十八卷》，实际首见于尤袤刻本，标题原作《山海经目总十八卷》。尤袤刻本、明道藏本、明成化庚寅刻本、清毕沅本、郝懿行本每卷下还有对于经文和注文数字的详细统计。如《山海经目总十八卷》下有"本三万九百十九字，注二万三百五十字，总五万一千二百六十九字"。各卷皆有经文和注文总字数。如《南山经第一》下有"本三千五百四十七字，注二千一百七字"。《海内经第十八》下有"本一千一百十一字。此《海内经》及《大荒经》皆逸在外"等等。毕沅《山海经新校正》指出"总十八卷"下之注，"《玉海》有"。郝懿行《山海经笺疏》在此总目录下加注，云："此《玉海》所校也……。"均误。尤袤在南宋初，王应麟是南宋末年人，后入元。笔者认为整个总目录是尤袤或尤袤所根据的所谓"刘歆所定本"作者所造，王应麟《玉海》只是转引尤袤刻本。这个详细统计数字包括了注文字数，当然不可能是郭璞自加，而是尤袤等人仿照班固《艺文志》著录本《中山经》末尾之"右《五藏山经》五篇，大凡一

万五千五百三字"之例而加，以取信于人。加《总目》的客观益处是便于后人掌握经文遗失情况。另外，他们还加"此《海内经》及《大荒经》皆逸在外"十二字，是为了解决刘歆《上〈山海经〉表》中十八篇与《艺文志》著录十三篇之间的矛盾。这个"逸在外"的意思并不是指刘歆把那五篇"逸在外"，而是指班固著录十三篇本《山海经》时把它们"逸在外"了。这样，就清楚地知道，毕沅把它理解为郭璞注文意指刘向未收《荒经》以下五篇，而刘歆重校"进在外"是错误的。其一误在于判定是郭璞注文，二误在于判定此文意指刘向。而现代学者认为它是郭璞注文意指刘歆未收《荒经》以下五篇而"逸在外"也不正确。其一误在于判定是郭璞注文，二误在于判定此文意指刘歆。后代一些本子也有不收该《总目》的，如清吴任臣《山海经广注》、汪绂《山海经存》。这表明有些注家并不认为该《总目》为郭璞所作。

　　尽管此十八卷本不符合郭璞注本原貌，也和过去的各种十八卷郭注本不同。但是由于它解决了长期困扰的与刘歆十八篇本数目不同的问题，分卷方法简洁明了，而且有经文、注文总字数的详细统计，更容易取信于人，因而被广泛接受。尤袤等人达到了成为新"定本"的目的。此后，晁公武《郡斋读书志》、陈振孙《直斋书录解题》所著录均为十八卷本。

　　而王应麟在《玉海》卷十五引《中兴书目》著录的中秘本"《山海经》十八卷，晋郭璞注，凡二十三篇"一段话之后，却引用尤袤刻本对全新的十八卷总字数统计，大误，他混淆了这两种十八卷本。但王氏在其他著作，如《〈艺文志〉考证》和

《小学绀珠》中都不提此十八卷二十三篇本，转而援用尤袤刻本所据的所谓"刘歆定本十八篇"。其中最能反映从二十三卷本向今日十八卷本过渡的过程。从此以后，尤袤所刻之十八卷本定于一尊，并一直流传至今。

相信《旧唐书·经籍志》和今本《山海经》中附录在郭璞《注〈山海经〉叙》之后的总篇目的学者则认为郭注《山海经》本来为十八卷，但是无法解答唐代以来多处关于郭注"二十三卷"的记载。清周中孚《郑堂读书记·山海经》把隋、唐二志所著录的《图赞》二卷、《音》二卷加上郭璞《注》得二十二卷，仿毕沅之例，怀疑"二十三"为"二十二"之误。周氏实是大误。

看来，郭璞没有吸取刘歆《上〈山海经〉表》未写明各篇篇名造成后世混淆的教训。他的注本篇次屡次遭人篡改。更有甚者，今本《山海经－海内东经》自"岷三江首"以下还窜入了《水经》内容。毕沅《山海经新校正》在《海内东经》结尾云："右自'岷三江首'以下，疑《水经》也。《隋书·经籍志》云：'《水经》二卷，郭璞注。'《旧唐书·经籍志》云：'《水经》二卷，郭璞撰。'此《水经》，隋、唐二志皆次在《山海经》后，又是郭注，当即此也。"

书的命运在流传过程中是作者无法控制的。

回顾关于郭璞注本原始篇目的学术争论，以往人们往往只在隋、唐二志和所谓《山海经目录总十八卷》（即今本十八卷的来源）之间选择判断，少有全面考察唐宋以来郭注本篇目的整个发展历程。这就难免有片面之论。

（三）郭璞《山海经注》、《山海经图赞》和《山海经图》考

1. 《山海经注》和《山海经图赞》考

由于《山海经》社会地位不高，刘歆校定之后，一直无人注释《山海经》。

但是，郝懿行《山海经笺疏叙》认为，郭璞以前有人注《山海经》。郝云："……郭注《南山经》两引'璨曰'，其注《南荒经》'昆吾之师'，又引《音义》云云，是必郭已前音训注解人。惜其姓字爵里与时代俱湮，良可于邑。"笔者核对此三处引文。"璨曰"之一是解释《南山经》招摇之山"有草焉，其状如韭"，郭璞注云："'璨曰：韭，音九。'《尔雅》云：'霍山亦多之。'""'璨曰'"之二是解释《南山经》招摇之山的迷穀，"其状如穀而黑理"。郭璞注云："'璨曰：穀亦名构。名穀者，以其实如穀也。'"这两处"璨曰"可能都是引述朋友之语，未必是专门作注者。郭璞注《大荒南经》"昆吾之师"云："昆吾，古王者号。《音义》曰：'昆吾，山名，铣水内出善金。'"这里的《音义》可能是一本字典类著作。根据《晋书》本传云：郭璞"注释《尔雅》，别为《音义》、《图谱》。"所以，郭璞注解中所引的《音义》，可能就是郭璞自己的作品。郝懿行云："《音义》，未审何人书名，盖此经家旧说也。"郝说理据不足。

张华《博物志》对于《山海经》个别事物有所说明，并为郭璞引用在注解中。但是，张华是自己著作，目的不在注《山海经》。

到了郭璞时代，由于山川变化、地名沿革，很多东西已经无法读懂。郭璞云："盖此书跨世七代，历载三千，虽暂显于汉，而寻亦寝废。其山川名号，所在多有舛谬，与今不同。师训莫传，遂将湮泯。……余有惧焉，故为之创传，疏其壅阂，辟其茀芜，领其玄致，标其洞涉。"文中明确说自己是"创传"，可见郭璞是历史上第一个注解《山海经》的人。如果相信郭璞不是自吹的话，那么郭璞注中引述其他人的解释，则都不是专门解释《山海经》的。

《山海经注》是郭璞晚期著作，定稿时间不早于公元321年。现存最早版本是南宋淳熙七年（1180）尤袤池阳郡斋刻本《山海经传》。此本由中华书局1984年影印，比较易得。

除了传注之外，郭璞还创作了一组赞诗——《山海经图赞》，今传303篇。赞是一种文体，以赞美为主，也包括贬斥，是一种评论性文字。图赞，亦称画赞、图谱，是针对图画所作的赞。如顾恺之《魏晋胜流画赞》，即评论当时人物画。郭璞曾为《尔雅》作《图谱》。《隋书·经籍志》中《论语》类著录、"《尔雅图》十卷，郭璞撰"。如是，则图赞、画赞、图谱与图画的关系昭然若揭。笔者认为，郭璞《山海经图赞》所咏之图是郭璞或其友人作，考证见下文，此不赘述。《山海经图赞》（以下简称《图赞》），既有对所赞之物的描写，也有评论，可以视为郭璞阅读和研究这些来自《山海经》的各种事物的心得。

唐宋时代，《山海经》郭注与《图赞》一并流行。《隋书·

经籍志》、《旧唐书·经籍志》、《新唐书·艺文志》在著录《山海经》郭注之后均著录郭撰《山海经图赞》二卷。由此可知，当时《图赞》是独立成书的。

但是在后来一些版本中，《图赞》被分别插入经文各卷之后。正如《中兴书目》所记载的秘阁本："《山海经》十八卷，晋郭璞传，凡二十三篇。每卷有赞。"既然是"每卷有赞"，可见原本独立的《图赞》已经散入各卷之中。故宫收藏元至正乙巳年（1365）曹善（仲良）抄本《山海经》，每卷有《图赞》，共303篇，所咏对象遍及《山海经》十八卷。曹善抄本的文字内容与宋刻本差异较多，应该是抄自一个宋代尤袤刻本之外的其他本子。曹善是书法家，此抄本被作为书法作品由私人收藏，清代入内府，编入《钦定石渠宝笈》，故流传不广，多数《山海经》学者未见，唯王世贞见之，并题跋于抄本中。

郭璞《山海经图赞》后来颇有亡佚。明代沈士龙、胡震亨校本《山海经图赞》收261篇，《补遗》14篇，共275篇。缺《大荒四经》与《海内经》部分的图赞。明代张溥《郭弘农集》卷二《赞》和《补遗》共收279篇。亦缺《大荒四经》与《海内经》部分的图赞。严可均《全上古三代秦汉三国六朝文》从各种类书、韵书辑得67篇，益以明道藏本《山海经》所收，共266篇，其中只缺《大荒南经》部分的图赞，以至连镇标《郭璞研究》认为《大荒南经》部分的图赞可能亡佚了。今人张宗祥《足本山海经图赞》收303篇，是一般可见的最好本子。

2. 《山海经》古图与郭璞《山海经图赞》所咏之图考

《山海经》与图画的关系是学术史上一大问题。它主要包括《山海经》是否述占图之作，这个所谓"古图"是否存在及其性质，是全书都是述图之作还是部分篇章是述图之作，以及后代《山海经》各种版本所附插图与古图的关系等。

（1）《山海经》所述古图考

《史记·大宛列传》云："天子案古图书，名河所出山曰昆仑。"根据篇末赞语，"古图书"指《禹本纪》和《山海经》。果真如此，则汉武帝时代已经有《山海经图》。但是，它与《山海经》并存，不知是《山海经》所述之图，还是附录之图。因年代久远，不能确考。

刘歆没有谈及任何《山海经图》的问题。

欧阳修《读山海经图》诗云："夏鼎象九州，《山经》有遗载"，不是很自觉地最早把《山海经》与禹鼎图联系在一起，引发后代一系列争论。

朱熹首先自觉认识到《山海经》部分内容有明显的述图痕迹（有关考论见第五章），由此，许多学者开始讨论《山海经》是根据何种古图而作，并出现多种假说。有朱熹"汉画"说、杨慎"禹鼎图"说、"《畏兽画》"说、陈逢衡"夷坚述图"说等。但证据欠缺，均不足信。而且《山海经》大多数内容不是图画。例如记录动物叫声的文字，"其音如婴儿"，"其名自訆"，"其音如谣"等，就不可能来源于图画。

郭璞注提及的所谓《畏兽画》不是《山海经图》，更不是《山海经》所述古图。郭注《西山经》之"䍺"、《北山经》之

"孟枳"、《大荒北经》之"强良"，均云"亦在《畏兽画》中"。马昌仪以为即《山海经图》。但是，宋人姚宽《西溪丛语》云："《大荒北经》有……强良，亦在《畏兽画》中。此书今亡矣。"他认为《畏兽画》是单独一书。饶宗颐肯定姚氏观点，认为"古人图画畏兽，正所以被除邪魅"。郭璞《图赞·强梁》云："仡仡强梁，虎头四蹄。妖厉是御，唯鬼咀魖。衔蚰奋猛，畏兽之奇。"可以为饶宗颐之说提供又一证据。所谓《畏兽画》虽然与《山海经》中神怪有重叠，但显然不能概括《山海经》中各种神怪，它不是《山海经图》，更不是所谓的《山海经》据以成书的古图。

毕沅认为《海外经》与《淮南子·地形训》叙述三十六国是述图之作。其《山海经新校正》在《海外西经》首句下注云："《淮南子·地形训》云'自西北至西南方'，起修股民、肃慎民。正与此文倒。知此经是说图之词。或右行，则自西南至西北，起三身国。或左行，则自西北至西南，起修股民。是汉时犹有《山海经图》。各依所见为说，故不同也。"毕说所指之图是汉代尚流传的域外民族图。意思是《海外西经》是叙述古图之作，以右旋为顺序；而《淮南子》作者也见到古图，遂作《地形训》以叙述，但是采取了左旋的顺序。此说的根据似嫌不足。《海外经》其他三经都采用左旋顺序。如果是读图，为什么此经的作者们自己都不统一方向顺序？笔者以为是《淮南子》在引用《海外西经》时随意改变了方向顺序。

2001 年，北京师范大学刘宗迪博士学位论文《论〈海外经〉与〈大荒经〉与上古历法月令制度的关系》提出《海外经》和《大荒经》是"上古历法月令图"，可备一说。

关于《山海经》部分篇章（即《海经》以下各篇）所述古图尚待进一步研究。

（2）《山海经》附图考

后来的《山海经图》都是成书以后所配。

郭璞注《南山经》招摇之山"有兽焉，其状如禺而白耳……其名曰狌狌"，云："禺似猕猴而大，赤目长尾……有说者不了此物，名禺作牛，图亦作牛形，或作猴。皆失之。"学者多据此言判定郭璞之前有《山海经图》，误。今本《山海经》中没有名"禺"的野兽。所谓"禺"、所谓似牛、似猴的图都不是《山海经图》，而是其他一些描写"禺"的著作中的图。

郭璞所作《图赞》凡 303 篇，其中多有 1 篇而同时赞数物的，故涉及对象总数近 400 种。它所针对的图才是当时存在的《山海经图》。从《图赞》内容看，这些图分别画了各种神奇事物，与《山海经》在上古时代的政治经济功能不符合。所以，这些图不是从上古时代流传下来的。否则，刘歆也应当提及此图。全面考察这些图赞的内容，笔者发现它们非常系统，遍及全经各卷，南宋《中兴书目》著录的秘阁本和故宫收藏的元代曹善抄本"每卷有赞"就是证据。而全经是郭璞完成的最后编纂，因此，可以推定：《图赞》所咏之《山海经图》是郭璞重新编纂《山海经》之后的作品，因此可能是郭璞或其合作者在《异兽图》之类影响下创作完成的，正如他完成《尔雅》注之后作《尔雅图谱》一样。

这部充满神奇怪物的《山海经图》画册的出现，更加证明

了魏晋时代人们对于《山海经》中超自然神怪内容的狂热喜爱。《山海经》的文字叙述不能完全满足当时人的强烈需要，于是采用更加直观的图画来强化其阅读效果。图画是具有普及功能的。从《山海经》接受史来看，《山海经图》的出现表明世人已经普遍接受《山海经》，而且其接受方式是强调其神怪内容。《山海经》的性质正在社会接受过程中越来越倾向于神怪记录，越来越远离自然与人文地理志。所以，郭璞的《山海经》研究也不得不更加关注其中神怪与真实之间的矛盾。

3. 郭璞《山海经注》、《图赞》和《山海经图》的合编

当时，郭璞《山海经注》、《图赞》和《山海经图》是彼此配在一起流传的。陶渊明读到了这个三合一的本子，非常喜爱它。何以见得？其《读〈山海经〉十三首》云：“泛览《周王传》，流观《山海图》。俯仰终宇宙，不乐复何如？”可见陶渊明读到了《山海经图》。而仔细分析陶渊明诗句，笔者发现一些内容根本不是来自《山海经》，而是来自郭璞图赞。例如，《读〈山海经〉十三首》之四有“丹木生何许？乃在峚（崒）山阳。黄花复朱实，食之寿命长”。查《山海经》，丹木凡四见，均在《西山经》。其中三条在峚山，经云：“……峚山，其上多丹木，员（圆）叶而赤茎，黄华（花）而赤实，其味如饴，食之不饥。”又云：“玉膏所出，以灌丹木。丹木五岁，五色乃清，五味乃馨。食之已瘅，可以御火。”第四条在崦嵫之山。经云：“其上多丹木，其叶如谷，其实大如瓜，赤符而黑理。”经文中说丹木都没有助长寿的功能。郭璞也未加注文。陶渊明诗中所谓“食之寿命长”来自郭璞《丹木玉膏图赞》。

《赞》云："丹木炜烨，沸叶（沸）玉膏。黄轩是服，遂攀龙毫。眇然升遐，群下鸣号。"郭璞把黄帝升仙归功于服食了丹木、玉膏，所以，陶渊明根据郭《赞》，遂以为《山海经》丹木有助长寿之功。此证说明陶渊明必是见到了郭璞《图赞》。

陶渊明也读到了郭璞《山海经注》。例如，《读〈山海经〉十三首》之八云："赤泉给我饮，员丘足我粮。方与三辰游，寿考岂渠央？"查《海外南经》有"不死民……其为人黑色，寿不死"。经文无赤泉、员丘。郭璞注云："有员丘山。上有不死树，食之乃寿。亦有赤泉，饮之不老。"郭注是引用张华《博物志》卷一《物产》云："员丘山上有不死树。食之乃寿。有赤泉，饮之不老。"则陶渊明是用郭璞注。陶诗之二咏西王母云："灵化无穷已，馆宇非一山。"查《山海经》中，西王母在《西次三经》、《海内北经》和《大荒西经》数次出现，所居之处分别是玉山、昆仑虚北和昆仑之丘。没有一处谈到其宫馆，反而玉山是"穴处"，即在山洞中居住。郭璞《西王母图赞》未言其居处。而郭璞注《大荒西经》西王母时总结其住处，云："西王母虽以昆仑之宫，亦自有离宫别窟、游息之处。不专住一山也。"陶渊明诗句与郭璞注类似，可见陶渊明是看了郭璞注而加的评论。此二证说明陶渊明所读《山海经》是郭璞注本。

根据以上考证，陶渊明所见《山海经》是郭璞《山海经注》、《图赞》和《山海经图》三者合一的本子。

至此，郭璞整理、诠释、增图、加赞的《山海经》全貌可见。郭璞对《山海经》的流传可谓居功至伟。毕沅仅仅根据郭

注少言地理、多言奇异而批评郭璞不如郦道元贡献大，是一偏之见。

这部《山海经图》还流传到北方地区，《初学记·马部》曾引东晋张骏《山海经图赞》云云。张骏与郭璞同时，当是根据郭图而作。今张《赞》的绝大多数已佚，尚存的个别篇目与郭璞《赞》往往混淆。

（四）郭璞对《山海经》的综合性阐释

正当壮年的郭璞具有良好的文字学功底和古籍知识。郭璞不仅熟悉传世古籍，还能利用最新出土文献。晋武帝太康二年（281），汲冢出土大批竹简文书。郭璞利用其中《竹书纪年》和《穆天子传》中昆仑山和西王母的存在反驳司马迁对《山海经》的怀疑：“若《竹书》不潜出于千载，以作徵于今日者，则《山海》之言，其几乎废矣。”（《注〈山海经〉叙》）他还利用《竹书纪年》注解经文。如，《海内南经》苍梧之山“帝丹朱葬于阴”，郭注：“今丹阳复有丹朱冢也。《竹书》亦曰：‘后稷放帝朱于丹水’，与此义符。”郭璞还利用了同时代人的著作，例如张华《博物志》。《海外南经》有“厌火国”，《博物志》云：“厌光（当为火）国民，光（火）出口中。形盡似猿猴，黑色。”郭璞注“厌火国”云：“言能吐火，畫（盡）似猕猴而黑色也。”也是引用张华的说法。由于其博学和严谨的治学态度，郭璞在注解《山海经》时取得了巨大成就。

1. 版本校订和文字考释

《山海经》虽经刘歆等人整理隶定，但是其中依然存在古

文奇字。加之名物历史变迁和长期流传造成的舛误，魏晋时代人已经无法顺利阅读了。郭璞注《山海经》必须先从版本校订和疏通文字开始。

郭璞参校了若干《山海经》版本，并在注文中用"一作"、"或作"等来作校语，和刘歆校语直接标在经文中不同。如《南山经》"堂庭之山"，在堂字下，郭注"一作常"。同经"赤鱬……可以已疥"，在疥字下，郭注"一作疾"。校对《西山经》怪兽"朱厌，见则大兵"时，郭注："一作见则有兵起焉。一作见则为兵。"《西山经》"蓇水"，郭注蓇字："音色。或作蒉，又作蓸。"这里，郭璞至少使用了三种版本。《海内北经》"帝尧台……在昆仑东北"，郭注"一本云：'所杀相柳，地腥臊不可种五谷，以为众帝之台'"。《大荒东经》"靖人"，郭注"……或作竫，音同"。《大荒南经》"禺虢"，郭璞注"虢，一本作號"。类似出校记之处尚多，此处不赘。

校对之后，郭璞对字义、字音进行了较为全面的注释。《山海经》多古字，有些连正统的字书也未收，普通人根本无法理解。如《南山经》九尾四耳怪物"猼訑"，郭注："博施二音。訑，一作陀。"根据毕沅考证：《说文》无此字词，《玉篇》有猼訑，"则郭本作訑云，或作陀，皆占字。"又如《南山经》怪兽"猾裹"，郭注："滑怀二音。"《山海经》又多俗字，如《南山经》怪鸟"鴲渠"，郭注："鴲，音彤弓之彤。"毕沅考证：《尔雅》、《说文》均作雕渠，并判定"鴲非古字，当为雕"。估计应该是俗字。《山海经》说此鸟"可以已臊"，郭注："谓皮皱起也，音巨駮反。"离开了郭璞注，是无法读通《山海

经》的。有些极普通的字词，也是容易误解的。《山海经》记出金之山约 140 处。伊藤清司怀疑多数应是铜。其实郭璞注有更加准确的说明。《南山经》"杻阳之山，其阳多赤金"，郭注："铜也。"此山"其阴多白金"，郭注："银也，见《尔雅》。"

《山海经》涉及大量民俗内容，如日常生活习惯、民间医药卫生、俗信巫术等。由于长期从事卜筮活动，郭璞对于这些有相当了解。如《中山经》黄棘果实"服之不字"，郭注："字，生也；《易》曰：'女子贞，不字。'"由此可知，当时人把它视为可以不育的草药。《西山经》灌水"其中有流赭，以涂牛马无病"。郭注云："今人亦以朱涂牛角，云以辟恶。"《南山经》九尾狐"食者不蛊"，郭注："瞰其肉，令人不逢妖邪之气。"

郭璞对于《山海经》中地理内容也有所考订。《北次三经》有盐贩之泽。郭注云："即盐池也。今在河东猗氏县。或无贩字。"盐池，古称解池，在今山西运城。有神话说这里是蚩尤被杀之地，故其水红色。实际是水中嗜盐菌造成。郭注得到郦道元《水经注》、郝懿行《山海经笺疏》、袁珂《山海经校注》的一致肯定。《中次六经》夸父山其北有桃林，郭注云："桃林，今弘农湖县阙（当作阌）乡南谷中是也。"此注得到后世注家一致肯定。昆仑山是神话之山，中国多种古籍都言说此山，其地理方位也各异。《山海经》昆仑二字凡二十一见，分别在《西山经》、《海内西经》、《海内东经》、《大荒西经》等。此山是中国神话第一圣山。但是，由于多种昆仑共存于经文中，致使后人混淆。郭璞认为经文作者知道这些昆仑山实际并非一山。

《海内西经》有"海内昆仑之墟"，郭注云："言海内者，明海外复有昆仑山。"郝懿行《山海经笺疏》称赞郭注云：

海内昆仑，即《西次三经》昆仑之丘也。《禹贡》昆仑亦当指此。《海内东经》云："昆仑山在西胡西。"盖别一昆仑也。又《水经·河水》注引此经郭璞注云："此自别有小昆仑也。"疑今本脱此句。又荒外之山，以昆仑名者盖多焉。故《水经》、《禹本纪》并言昆仑去嵩高五万里。《水经注》又言晋去昆仑七万里。又引《十洲记》"昆仑山在西海之戍地，北海之亥地，去岸十三万里。"似皆别指一山。然则郭云海外复有昆仑，岂不信哉！

昆仑山作为神话圣山，各地人们纷纷将它附会于本地，或者后世学者将异族圣山附会为昆仑是正常现象。如果今日把所有昆仑混为一谈，那将陷入巨大的地理学困境。郭注、郝笺对于今人理解昆仑山的位置与性质帮助甚大。又例如，《山海经》有鲧化羽渊和鲧化埤渚两种文字。后者在《中次三经》，郭注云："鲧化于羽渊为黄熊。今复云在此。然则一已有变怪之性者，亦无往而不化也。"郭璞用鲧已经成怪，可以任意变化，来解释神话异文，是有神话思维背景的。这种说法也可以避免单纯的地理学解说在神话异文方面遭遇无所适从的困境。当然这种说法不符合神话学理论，而我们自然也不能苛求于他。

郭璞在注解过程中是非常严谨的。知之为知之，不知为不知。全书多处出现"不详何物"、"未详"等字眼。如《西山

1328

经》有吃人怪鸟罗罗，郭注云："罗罗之鸟，所未详也。"同经"鸟危之山……其中多女床"，郭注云："未详。"存在如此多的未解之谜，当然令人遗憾。但是，郭璞在不解之处所做的提示，从反面说明：他已经注解的地方是值得信赖的。至少在他自己看来已经都是可靠的解释，决非"想当然"的推测。

由于地理志体例限制，《山海经》叙事过于简单。郭璞不得已对于其中一些名物的背景知识作了深度介绍。《海外西经》云："丈夫国在维鸟北。其为人衣冠带剑。"郭璞注："殷帝太戊使王孟采药，从西王母至此。绝粮，不能进。食木实，衣木皮，终身无妻。而生二子，从形中出，其父即死。是为丈夫国。"他用神话传说解释丈夫国的来历，为今天留下了丈夫国的一段民族起源神话。《太平御览》卷三六一引《玄中记》、卷七九。引《括地志》关于丈夫国的记载都接受了这个解释。读者立刻明白：为什么这个远方世界的纯粹男性国家，竟然"衣冠带剑"，与中国相似，因为双方有某种遥远的血缘关系。

当然，也有学者反对郭璞超越经文范围做解说。例如陈逢衡《山海经汇说》卷三《丈夫国》云：" '衣冠带剑'四字已写尽丈夫国形状，何容复赘一词。"又云："郭氏添设，节外生枝，遂成奇怪。"陈逢衡批评郭璞是为了言怪，故意引申。其实，陈氏说法，并不符合经文实际。他的意思是经文中不存在超自然的内容，都是写实的。《山海经》的这些原文中的确不存在超自然描写，但是，《山海经》是地理著作，本身并非为了叙事，因此省略情节是正常的。但是，经文中"丈夫国"三字已经说明了这是一个单一性别的所谓"国家"，正与"女儿国”相对立。因此，经文绝对不是无怪，只是比较省略而已。陈氏以个人先入之见，判定经文是纯粹写实，反对郭璞做引申解说，这是不对的。

《海外北经》叙述十日浴于汤谷，栖息于扶桑的神话。郭注引各种文献说明经文，并引《楚辞》、《庄子》、《淮南子》、《归藏》等书关于后羿射日的故事进行补充解说："此云'九日居上枝，一日居下枝'，《大荒经》又云'一日方至，一日方出。'明天地虽有十日，自使以次第迭出运照。而今俱见，为天下妖灾，故羿禀尧之命，洞其灵诚，仰天控弦，而九日潜退也。"今本《山海经》无后羿射日，但是唐代成玄英《庄子注》引《山海经》有。郭璞应该也见过比今本《山海经》更加完整的古本。他实际上用全部的材料来阐述神话中十日的正常秩序，以及正常局面被破坏后导致的射日结局之间的关系。其说翔实合理。没有对于《山海经》以及其他古籍的娴熟把握，是不可能达到这种水平的。郭注为后来《山海经》研究奠定了基础，后代学者几乎无不是从郭注开始研究的。

2. 对《山海经》真实性的全面肯定和意义阐释

郭璞沿袭旧说，仍然以大禹为作者。《山海经》被他视为三千年前已经"跨世七代"的"圣皇"之作，内容是"夏后之迹"。这里的"圣皇"、"夏后"均指大禹。

在远古时代，《山海经》内部的写实成分和虚幻成分之间是混融一体的。当时人们实际知识有限，所以写实成分和虚幻成分之间的矛盾并不突出。随着知识形态变化，汉代学者开始认为它们之间存在矛盾。司马迁强调其虚，刘歆强调其实。其

实，简单肯定任何一方面而否定其他方面都会导致认识偏差。可是，学术并非一个纯粹的认知活动。作为社会一分子的学者无法摆脱时代环境，其研究结论也不能不带有时代色彩，并作为那个时代的思想代表而存在。郭璞生当魏晋，儒学衰而未死；玄学方兴未艾。他的《山海经》研究不可避免地具有那个时代的显著特征。既有儒学价值观与天人感应的内容，又有道家玄学的思想倾向，还掺杂道教的神仙术。其核心是肯定《山海经》中全部的超自然的存在及其价值。

（1）引证古籍肯定《山海经》的历史真实性

《山海经》中存在大量怪物和奇形怪状的民族，不断引起人们的怀疑与批评。诚如郭璞《注〈山海经〉叙》所云："世之览《山海经》者，皆以其闳诞迂夸，多奇怪俶傥之言，莫不疑焉。"要想确定《山海经》的文化地位，在当时必须首先解决其历史真实性问题。

郭璞以当时新出土文献《穆天子传》与《史记》、《左传》对穆王的记述相互参证，说明《山海经》所言西王母、名山大川、奇珍异宝可与《穆天子传》对应，故皆为真实史料。痛诋谯周、司马迁等人的怀疑论"不亦悲乎"，"若竹书不潜出于千载，以作徵于今日者，则《山海》之言，其几乎废矣。"又引述东方朔辨识毕方鸟、刘向晓盗械之尸等旧典来进一步肯定。这种类似二重证据法的论述当然十分有力。不过，书中仍然存在《穆天子传》所不能证明的事物。所以，郭璞在注文中引了其他古籍证实神怪之物的存在。如《大荒东经》："有司幽之国……司幽生思士，不妻；思女，不夫。"郭注云："言其人直思感而气通，无配合而生子，此庄生所谓白鹢相视，眸子不运而感风化之类也。"《海外南经》贯匈国，郭注云："《尸子》曰：'四夷之民有贯匈者，有深目者，有长肱者，黄帝之德尝致之。'《异物志》曰：'穿匈之国，去其衣则无自然者。'盖效此贯匈之人。"

（2）以道家玄学思想肯定奇怪之物的真实性

仅仅举例说明《山海经》内容是真实存在的做法毕竟只能部分地解决问题。要想彻底摆脱虚构的指责，根本上还是要用理论说明《山海经》里为什么出现怪物。针对这种情况，郭璞采用庄子"人之所知，莫若其所不知"的知识有限论来展开辩护。郭云：

夫以宇宙之寥廓，群生之纷纭，阴阳之煦蒸，万殊之区分。精气浑淆，自相溃薄。游魂灵怪，触像而构。流形于山川，丽状于木石者，恶可胜言乎？然则总其所以乖，鼓之于一响；成其所以变，混之于一象。世之所谓并，未知其所以异；世之所谓不异，未知其所以不畀。何者？物不自异，待我而后异，异果在我，非物异也。故胡人见布而疑黂，越人见罽而骇毳。夫翫所习见而奇所希闻，此人情之常蔽也。

按照这种理论，人类知识是极其有限的，不可能全面认识世界，所有被人视为怪异的事物都是由于人类知识的相对性决定的。一切的"异"都被归结为世人的主观认识缺陷，这就从根本上取消了人们运用经验事实来判断真伪的权利。

　　《山海经》中存在一些自相矛盾的地方。如《大荒北经》夸父逐日渴死于道。下文又云应龙杀死夸父。这本是神话流传过程中自然出现的变异。《山海经》记录的各种神话异文之间出现矛盾，是很正常的。郭璞相信神话的真实性，对神话异文之间的矛盾只能用玄学理论加以解释："上云夸父不量力，与日竞走而死。今此复云为应龙所杀，死无定名。触事而寄，明其变化无方，不可揆测也。"又例如，《中次三经》云："南望墠渚，禹父之所化。"郭注云："鲧化于羽渊为黄熊，今复云在此。然则一已有变怪之性者，亦无往而不化也。"这两个例子，郭璞都是用神灵的超自然变化能力来解说神话异文之间的矛盾。当然不能被现代训诂学家接受。但是，郭注透露出来的神话思维可以使我们窥见远古人类对待神话变异的态度，很有启发性。毕竟郭璞在文化身份和文化心理方面比我们更加接近于宗教和神话。

　　限于注释文体的惯例，郭璞在《山海经注》里基本限于文字说明和引证同类事物，很少从理论上阐述其存在的理由。而在《图赞》中，郭璞对于各种奇怪事物往往有较为深入而系统的解说。他通常都用禀气不同对怪物奇人进行说明。《海外南经》有周饶国，或作"焦侥"。其人短小，只有三尺高，是典型的小人国。《海外东经》有大人国。郭璞《焦侥图赞》云："群赖（当为'籁'）舜吹，气有万殊。大人三丈，焦侥尺余。混之一归，此亦侨如。"意思是这两种人禀赋的自然之气不同，所以差距巨大。从自然之道来讲，二者是一致的。《中山经》有青耕鸟，"可以御疫，其名自叫"。又有跂踵鸟，"其状如鹗，而一足彘尾，其名曰跂踵，见则其国大疫"。对于这两种功能截然相反的怪鸟，郭璞《跂踵图赞》云："青耕御疫，跂踵降灾。物之相反，各以气来……"《南山经》有怪羊名着羬，"其状如羊而无口，不可杀也"。无口而能活，而且杀不死的怪羊，在现实中是不可能存在的。但是，郭注云："秉气自然。"意思是它靠自然之气存活，不仰赖于一般食物，当然也就杀不死了。《山海经》中存在不少形态怪异的神灵。郭璞对这些神灵的存在原因也用自然之气来说明。《海外西经》有三身国，一臂国。郭璞《三身国，一臂国图赞》云："品物流形，以散混沌。增不为多，减不为损。阙变难原，请寻其本。"通过这些玄学解说，郭璞试图从理论上消除当时人们对于《山海经》中怪力乱神的怀疑。

至于圣皇（大禹）为什么要记录这些神奇之物，郭璞的解释是"圣皇原化以极变，象物以应怪。鉴无滞赜，曲尽幽情"。意思是大禹是根据自然之道通晓各种变化的原因，以充分掌握万事万物的深奥情愫。借助于古人心目中大禹的广博见闻和神圣地位，这种论说完全肯定了《山海经》内容。不过，郭璞笔下的大禹非常类似魏晋时代的博物之士，与《左传》王孙满所言铸鼎象物的目的明显不同。这个大禹当是郭璞出于时代需要而塑造的。

（3）运用道教思想论证《山海经》

《山海经》包含许多原始宗教的内容。如巫师、不死药等。汉代以后的道教往往借鉴其中内容。作为宗教，道教是承认超自然现象的。所以，郭璞也用道教神仙思想论证《山海经》的

真实性。

《大荒西经》云："有灵山。巫咸、巫即、巫盼（或作盼、朌）、巫彭、巫姑、巫真、巫礼、巫抵、巫谢、巫罗十巫从此升降，百药爰在。"郭注云："群巫上下此山采之也。"下文又云："西有王母之山、壑山、海山。"郭注云："皆群大灵之山。"上述四山，郭璞以为都是灵巫活动的场所。袁珂以为："采药"云云，实际是巫师的业余活动。把"升降"释为上下山，不确，当是上下于天，宣神旨、达民情。郭璞可能拘于魏晋习俗忽略了巫师主业，而强调其采药副业了。从而达到说服时人的目的。

《大荒西经》有寿麻之国，其人"正立无景（同'影'），疾呼无响。"郭注云："言其禀形气有异于人也。《列仙传》曰：'玄俗无景。'"玄俗是汉代河间人，刘向《列仙传》说他白日行走没有影子。这已经进入道教范围了。

《西山经》云："峚山……丹水出焉，西流注于稷泽。其中多白玉，是有玉膏。其源沸沸汤汤，黄帝是食是飨。"郭注云："《河图玉版》云：'少室之山，其上有白玉膏，一服即仙矣。'亦此类也。"郭璞认为服食白玉膏是黄帝登龙于鼎湖的原因。这是对《列仙传》关于黄帝铸鼎升天说的补充和发展，也是原始宗教在后代发展为神仙之术的一个证明。河伯冯夷是河神。《海内北经》写作"冰夷"。郭璞注："冰夷，冯夷也。《淮南》云：'冯夷得道，以潜大川。'即河伯也。"郭引述《淮南子》意见，认为冯夷是因为得道而成神，显然是神仙学的解释。

海外诸国是人们怀疑的重点之一。《大荒东经》云："有黑齿之国。帝俊生黑齿，姜姓，黍食，使四鸟。”郭注：“圣人变化无方，故其后世所降育，多有殊类异状之人。诸言生者，多谓其苗裔，未必是亲所产。”帝俊原来是商人的上帝，后来转化为古帝王、圣人。郭璞用帝俊的奇异变化能力来说明何以其后裔是黑齿这个能使四鸟的国族，实际就把帝俊视为神仙人物了。

在上述注解中，郭璞把《山海经》中原始宗教活动都解释为魏晋道教神仙之术，用道教之说来证明《山海经》的真实性。

（4）以儒家天人感应说来解释经文，论证《山海经》的价值

董仲舒天人感应说影响巨大，信者众多。郭璞对之十分倾倒。《山海经》中多次出现九尾狐。有时候代表祥瑞，有时候是食人怪兽。《大荒东经》青丘之国“有狐九尾”。经文不言祸福。但是，郭璞注根据汉代一般看法云：“太平则出而为瑞也。”可见他很相信祥瑞之说。《海外西经》肃慎之国“有树名曰雄常，先人代帝，于此取之”。经文“先人代帝，以此取之”，当是“先人代帝，于此取衣”。其含义可能是肃慎围的一种特殊登基仪式。郭璞注云：“其俗无衣服，中国有圣帝代立者，则此木生皮可以衣也。”他用天人感应的思想方式，竟然把肃慎国的树木附会到中国圣帝身上。《东山经》有一种怪鱼堪孖。郭注云：“未详。音序。”另有怪兽轳轳，是洪水预兆。《堪孖鱼、轳轳图赞》云：“堪孖轳轳，殊气同占。见则洪水，天下昏垫。岂伊妄降，亦应牒谶。”今本《山海经》中轳轳预

示洪水，是古代巫术思想的反映，与天意无关。郭璞《图赞》强调的却是"岂伊妄降，亦应牒谶"。牒谶是汉人利用天人感应说发展起来的政治预言。按照这种论证，《山海经》中怪物可以作为观察政治优劣的标志。这和刘歆《上〈山海经〉表》所云"奇可以考祯祥变怪之物，见远国异人之谣俗"的意思是基本一致的。

（5）以儒家政治理念解释经文

王弼的玄学是不反对儒家名教的，而是主张名教本于自然，自然与名教合一。如其《老子注》第三十八章云："自然亲爱为孝，推爱及物为仁也。"郭璞自己思想中也是玄学与儒学交织的。儒家一些基本理念，诸如"礼让"、"孝敬"、"忠贞"、"仁政"等，在郭璞《山海经》研究中得到了体现。

《海外东经》与《大荒东经》都讲到君子之国。一作"衣冠带剑，食兽，使二大虎在旁。其人好让不争。有薰华草，朝生夕死"。一作"其人衣冠带剑"。郭注后者云："亦使虎豹，好谦让也。"这是引用《海外东经》经文作解释。其《君子国图赞》云："东方气仁，国有君子。薰华是食，雕虎是使。雅好礼让，端（一作'礼'）委论理。"郭璞盛赞君子国国民高尚的道德风尚。其《中山经》部分的《崃山图赞》云："邛崃峻崄，其坂九折。王阳逡巡，王尊逞节。殷有三仁，汉称二哲。"这是郭璞针对崃山九折坂发生的两件故事所作议论。王阳以身体发肤受之父母不可损伤为由，在巡视民情面对九折坂时，畏险而退，世人以为孝子。王尊则不畏艰险，知难而进。世人以为忠臣。郭璞同时称道这两位为"二哲"，是采用儒家价值观

所做的判断。

他在注解《海外南经》狄山的帝尧、帝喾、文王墓地时说：

> 今文王墓在长安鄠聚社中。案：帝王冢墓皆有定处，而《山海经》往往复见之者，盖以圣人久于其位，仁化广及，恩洽鸟兽。至于殂亡，四海若丧考妣，无思不哀。故绝域殊俗之人闻天子崩，各自立坐而祭醊哭泣，起土为冢，是以所在有焉。亦然（一作犹）汉氏诸远郡国皆有天子庙，此其遗象也。

这些墓地远至海外，而且往往复见，也是不易理解的。郭璞注以圣人恩及远方来加以说明是符合经文原意的，也符合古代社会普遍存在的文化自我中心主义观念。至于是否属实，则非实地探勘不得明之。类似情况还有。如《海内北经》："帝尧台、帝喾台、帝丹朱台、帝舜台，各二台。台四方，在昆仑东北。"郭璞注云："此盖天子巡狩所经过，夷狄慕圣人恩德，辄共为筑立台观，以标显其遗迹也。"又如《跂踵国图赞》所云"应德而臻，款塞归义"。也是强调其他国族向往华夏。类似之处甚多，此处不赘。

（6）对经文意义的一般性发挥

《山海经》叙述事物往往不加任何评价。如形天的描写，只说他被砍头后操干戚以舞，未言其目的如何。但是，郭璞《形天图赞》云："仍挥干戚，虽化不服。"揭示了形天舞干戚的真实心理——决不屈服。后人都遵从郭璞的阐释。《山海经》对夸父的态度存在矛盾。一方面说他追上了太阳，一方面却说他"不量力"（见《大荒北经》）。《海外北经》对于夸父逐日未加评价。郭注云："夸父者，盖神人之名也。其能及日景而硕（当为倾）河渭，岂以走饮哉！寄用于走饮耳。几乎不疾而速，不行而至者矣。此以一体为万殊，存亡代谢。寄邓林而遁形，恶得寻其灵化哉！"《夸父图赞》也称颂之："神哉夸父，难以理寻。倾河逐日，遁形邓林。触类而化，应无常心。"常心，即普通人的心理。郭璞实际上批判了《大荒北经》所谓"不量力"的说法，高度赞扬了夸父的志向宏伟，神力无边。陶渊明《读〈山海经〉十三首》中"夸父诞宏志"云云显然得自郭璞的影响。今人更是普遍接受了郭璞的评价。

综观郭璞对《山海经》的论说，笔者以为他特别关注《山海经》中的虚幻内容。其对于虚构内容的一概肯定，是与当时社会追求神仙、倡言奇怪的风气有关的。所以，他的论证一方面是为《山海经》寻求更高文化地位，另一方面也是为当时雅好《山海经》之士寻找理据，做辩护。

郭璞的注解与发挥顺应了本来已经存在的社会公众对于《山海经》的神仙妖怪化理解，使之系统化、理论化。由于郭璞自身的地位，这种系统化和理论化的理解又极大影响了《山海经》在读者中的接受史，在学术史上影响至为深远。赞扬与批评之声不绝于耳。清人周中孚《郑堂读书记·山海经》云："……此经自子骏（刘歆）表章于前，景纯（郭璞）注释于后，乃始大显于世，其功端有在也。"毕沅说《山海经》"明于晋。而知之者，魏郦道元也"。所谓"明于晋"，是说郭璞注使得《山海经》被晋朝人完全理解并接受；但他也批评郭璞注过分强调神怪，导致晋朝人误解《山海经》，所以只有郦道元才是真正理解《山海经》的人。陈逢衡《山海经汇说》道光二十年序更是把《山海经》被社会正统忽视的责任主要归罪于郭璞。陈逢衡云："然是书（《山海经》）之弃置不道，一误于郭氏景纯注。务为神奇不测之谈，并有正文之所无而妄为添设者。再误于后之阅者，不求甚解，讹以传讹。而此书遂废。"

郭璞对于《山海经》的文字解读和意义阐发的贡献在于使人们对于《山海经》的神怪化理解系统化、理论化，由此确定了《山海经》在中国文化史上的实际功能和实际影响的理论解读。但是，由于中国文化主流意识形态"不语怪力乱神"原则的限制，《山海经》的上述地位又是不高的。郭璞的功与过其实都在于此。不同学者从不同立场出发，就产生了对于郭璞功过的不同评价。

（五）郦道元《水经注》对于《山海经》的地理学研究

郦道元（？～527）从事《水经》注释，基本属于纯粹的地理学。所以，他在论及《山海经》时常常有客观之论。作为第一位主要从地理学角度研究《山海经》的学者，郦道元对于确定《山海经》地理学价值的贡献是巨大的。

1. 郦道元对《山海经》地理研究的贡献

后世人普遍怀疑《山海经》的地理描写，作为地理学家的郦道元在其名著《水经注》里将《山海经》中的山水一一落实，这是一件意义重大的事。

首先，郦道元解释了《山海经》中地理记录不准确的原因：

《穆天子》、《竹书》及《山海经》，皆埋蕴既久，编韦稀绝，书册落次，难以辑缀；后人假合，多差远意。至欲访地脉川，不与《经》（指《水经》）符，验程准途，故自无会。

他把今本《山海经》的错误归罪于流传过程造成的散乱，是有一定道理的。今本《山海经》的确存在不少明显的乱简与佚失情形。郦道元的说法可以部分地打消世人对《山海经》中地理方位错误的指责。后世学者引用此言为《山海经》辩护者甚多。

其次，郦道元在《水经注》中直接称引《山海经》在一百一十次以上。一般情况下都是把《山海经》所言山川地理加以肯定，使之落实在现实之中。例如，在谈到安邑（在今山西运城）盐池时，郦道元引证多种书籍，云："今池水东西七十里，南北十七里，紫色澄淳，潭而不流。水出石盐，自然印成。朝取夕复，终无减损。……《山海经》谓之盐贩之泽也。"他用充分的事实肯定了郭璞当年对于盐贩之泽的注解。《山海经》有三条洛水，一入江，在四川；一入渭水，即所谓北洛水，在陕西；一入黄河，在河南洛阳。《中次九经》洛水源于女几之山，入江。《水经》云："洛水从三危山……东南注之（指江水）。"郦道元注云："《山海经》不言洛水所导，《经》曰出三危山，所未详。"这是错误的，大约他遗漏了《中次九经》的话。《西次四经》有"白于之山……洛水出于其阳，而东流入渭"。《水经注》"渭水东过华阴县北"以下郦注云："洛水入焉。"正是指北洛水。但是，今本《水经注》遗失了《北洛水》部分，郦道元应该引述了《山海经》经文。《中次四经》有"讙举之山，洛水出焉。"《海内东经》有"洛水出（上）洛山，东北注于河。"《水经注》均以为是洛阳之洛水，十分正确。当然，郦道元对《山海经》地理的注释成就和《水经》本身与《山海经》的一致也有关系。

在昆仑山的注解中最能显示郦道元的成绩和局限。南北朝时代，佛学已经普及全国。时人的地理视野进一步扩大到南亚次大陆。于是，出现了一些佛学著作以印度神山附会昆仑山或以昆仑山为恒水（即恒河）之发源地的说法。释氏《西域记》云："阿耨达太山，其上有大渊水，宫殿楼观甚大焉。山，即昆仑山也。《穆天子传》曰：'天子升于昆仑，观黄帝之宫，而封封隆之葬。'……黄帝宫，即阿耨达宫也。"释氏把印度阿耨达山附会为昆仑山。康泰《扶南传》也把昆仑山当做阿耨达山，并说："恒水之源，乃极西北，出昆仑山中，有五大源，诸水分流，皆由此五大源。"康泰把印度神圣之水——恒河的发源地附会为昆仑山。对于这些说法，郦道元根据古经所述方位进行了批驳："余考释氏之言，未为佳证。……释氏不复根其众归之鸿致，陈其细趣，以辨其非，非所安也。"以下又引《山海经》和《淮南子》中关于昆仑山及其诸水的描写，总结道："阿耨达六水，葱岭、于阗二水（指昆仑水系与阿耨达水系）之限，与经史诸书，全相乖异。"则昆仑与阿耨达两不相干，明矣。这或许应该使当代那些把昆仑山等同于阿耨达山的

学者清醒。

由于郦道元的努力，我们可以对《山海经》所述地理有了较为清晰的认识。不至于因为无从了解其地理方位而误以为全是虚构。这对于我们把握《山海经》的真实性质是有巨大帮助的。后代研究《山海经》地理的学者无不以郦道元《水经注》作为基础，如吴任臣、毕沅、吴承志等。对于郦道元在《山海经》地理学研究中的贡献，毕沅赞赏有加：

《山海经》作于禹益，述于周秦。其学行于汉，明于晋，而知之者，魏郦道元也。

郦道元作《水经注》，乃以经传所纪、方土旧称，考验此经（指《山海经》）山川名号。按其涂（途）数，十得者六。始知经云东西道里，信而有征。虽今古世殊，未尝大异。后之撰述地里者多从之。沅是以谓其功百倍于（郭）璞也。

2. 《山海经》地理学研究的困境

尽管郦道元的努力证实了《山海经》的地理学价值。但是，《山海经》毕竟不全是准确的地理考察记录，其中一部分完全是想象或传说之辞。郦道元企图把其中所有地名均一一落实，遇到了巨大困难。《水经注》云：

（盐）水出东南薄山，西北流径巫咸山北。《地理志》云："山在安邑县（在今山西运城）南。"《海外西经》云："巫咸国在女丑北，右手操青蛇，左手操赤蛇，在登葆山，群巫所从上下也。"《大荒西经》云："有灵山。巫咸、巫即、巫盼（或作盼、盼）、巫彭、巫姑、巫真、巫礼、巫抵、巫谢、巫罗十巫从此升降，百药爰在。"郭注云："群巫上下此山采之也。"盖神巫所游，故山得其名矣。谷口岭上，有巫咸祠。

这里显然把神话中的《海外西经》巫咸国登葆山和《大荒西经》灵山都落实为山西运城的巫咸山。其根据主要是三者方位均在西部，而此地山名、祠名均为巫咸。可是，三者地名差异巨大，未见任何沿革说明。巫咸国是神话国度，并不专属于某一个固定之地。《太平御览》卷七九〇引《外国图》云："昔殷帝大戊使巫咸祷于山河，巫咸居于此，是为巫咸民，去南海万千里。"这个神话与《山海经》中巫咸国是相近的，可是方位大不同。郦道元想把它们落实为运城一地，至多只是给我们提供了一种可能性结论。而事实上，古代关于巫咸的故事很多，神农、黄帝、尧、殷帝大戊、殷中宗之时都有巫咸，巫咸山得名于其中哪一位？《山海经》中巫咸又是哪一位？从神话学来讲，巫咸是神话人物，任何时代都可以有。如果想把它落实为一人一地，必然遇到无所适从的困境。不过，郦道元可能也认识到这一点，他在《伊水注》中云：

（禅渚）水上承陆浑县东禅渚，渚在原上，陂方十里，佳饶鱼苇，即《山海经》所谓"南望禅（尤袤本作'埠'）渚，禹父之所化。"郭景纯注云："禅，一音暖（尤袤本作'填'）。鲧化羽渊而复在此。然已变怪，亦无往而不化矣。"世谓此泽为慎望陂，陂水南流注于涓水。

　　文中所引郭璞注可以看出鲧化禅渚和鲧化羽渊两则神话异文得到了一种解说，但这是神仙学的解释——鲧因为有神通而产生多种结局。

　　对于各种古籍关于昆仑山的彼此矛盾的说法，郦道元也感到难以调和。如《十洲记》说昆仑在西海之戌地，北海之亥地，去岸十三万里；《水经》云"昆仑墟在西北，去嵩高五万里"；《神异经》又云昆仑有铜柱，即所谓"天柱"云云，郦道元曰："幽致冲妙，难本以情。万象遐渊，思绝根寻。自不登两龙于云辙，骋八骏于龟途，等轩辕之访百灵，方大禹之集会计，儒、墨之说，孰使辨哉？"这反映出地理学家企图把神话之山落实为现实山峰的努力遭遇到无法摆脱的巨大困境。

　　由于时代局限和个人疏忽，郦道元在注解《山海经》地理时也有失误。这和他过于看重地名相同而忽略其他因素有关，也和他主要从事《水经》注释，未对《山海经》进行全面系统的考察有关。详见本书第七章关于毕沅《山海经新校正》的评论。像《水经注》这样的皇皇巨著出现一些小错误，是可以理解的，瑕不掩瑜。

　　从方法论上总结郦道元对《山海经》的研究，笔者认为，单纯的地理学研究必须和神话学研究结合才能全面准确地理解《山海经》。地理学研究和神话学研究是《山海经》学不可或缺的两个方面。离开神话学而单纯从事地理学研究，就会面对郦道元曾经经历过的地理学困境；而离开了地理学而单纯从事神话学研究，就会出现象茅盾、郑德坤那样完全否定《山海经》的地理志属性的错误。现代学者往往如袁珂，忽略地理而专在神话学方面下功夫，也是容易出错的。由于现代学术分工的日益深入，地理学与神话学分属于自然科学和人文学，学者知识范围大都限于一隅，所以更应该警惕这方面的历史经验教训。

综观魏晋南北朝时代的《山海经》学，虽然有郦道元《水经注》关注了《山海经》的地理学价值，但是从时代总潮流看，当时人们关注的大都是《山海经》中神怪内容。这对于宋代道藏收录《山海经》和《宋史·艺文志》将《山海经》归入五行类，都有着一定的影响。

郭璞之后至唐代贞观年间，又有人作《山海经抄》一卷，《山海经略》一卷，内容不详。从书名估计，也属于抄本或注解之类，待查。

唐代《山海经》研究材料稀如星凤，只有杜佑《通典》对于大禹作《山海经》提出怀疑之论，陆淳《春秋集传纂例》引其师啖助的话涉及《山海经》，前文已述，不赘。还有李白、韩愈、白居易等人诗歌引用《山海经》内容。故本文不再详述唐人对于《山海经》的认识。下文直接讨论宋代《山海经》学。

宋代时的《山海经》研究

（一）宋代思想与学术的全面发展

宋代是社会经济和文化事业获得全面发展的时代。陈寅恪曾经评论说：赵宋一代是中国文化最为辉煌的时代。是为的论。

北宋时代社会思想比较宽松。宋真宗、宋徽宗都对道家思想有所偏爱。宋真宗大中祥符五年（1012），命张君房领修《道藏》，共4565卷。于天禧三年（1019）完成缮写，称《大宋天宫宝藏》。宋徽宗崇宁年间（1102～1106）重新校补，增至5387卷，称《崇宁重校道藏》。政和年问（1111～1118）设立经局，再次修校，增至5481卷，称《政和万寿道藏》。三修道藏，代表了道家思想在当时的巨大影响力。《山海经》也得以进入道藏。明代道藏收录《山海经》于太元部竞字号，也是沿袭宋代道藏的传统。徽宗甚至派宫廷画家绘制《山海经图》。这在很大程度上提高了《山海经》的社会地位，消弭了以往时代正统儒家对于《山海经》的抵制。在统治阶级的提倡下，社会大众的宗教信仰得到正常发展。谈论神怪，是十分常见的活动，并产生了许多志怪小说。其中著名者有徐铉（916～991）《稽神录》、吴淑

（947～1002）《江淮异人录》、张师正（1016～?）《括异志》、郭彖《睽车志》、李石《续博物志》、洪迈（1133～1202）《夷坚志》、无名氏《海陵三仙传》等。这些作品主要讲鬼怪灵异、幽冥变化和因果报应，集中表现了佛教、道教的影响。在这种社会气氛下，宋代知识分子喜爱《山海经》者甚众。欧阳修、曾巩都有相关诗歌作品出现。《太平广记》更是大量采集了《山海经》中材料作为小说。所以，《山海经》在当时所处的社会环境是很宽松适宜的。

随着时间自然流逝，历经劫难保存下来的《山海经》作为中国文化元典之一的地位逐步得到确立。由于《山海经》在历史上不断产生影响，后代学者在探讨相关问题时即使不相信《山海经》也不得不引用它来说明问题。于是，《山海经》经常被学者引用于历史考据之中。赵与时《宾退录》卷七认为《山海经》祭祀山神之礼用米糈是后世道家没醮用米糈的来源，云："《山海经》虽不敢信为禹、益所著，然屈原《离骚》、《吕氏春秋》皆摘取其事，而汉人引用者尤多，其书决不出于张陵之后。则糈之用也，尚矣。"洪兴祖《楚辞补注》大量引《山海经》以注《楚辞》。

由于长期和平发展，社会大众的文化需求强劲，加之图书刊刻业发达，各种《山海经》和《山海经图》同时流传。尤袤在三十年间曾经见过"十数种"《山海经》版本。图书事业的发展极大推动了学术研究领域的全面发展，如自然科学（包括地理学）、历史学、语言文学在内的各种学术研究都有崭新成就。这为《山海经》研究突破郭璞的局限而出现新局面提供了

必要的条件。以版本学为例，宋代各种公私书目为我们提供了《山海经》版本变化发展的信息，以及当时学者对于这种变化的解释。没有宋人的版本著录、研究与刊刻，我们是不可能了解《山海经》原始版本的面目的。前文论刘歆定本和郭璞注本篇目时大都依据宋代版本资料，此处不赘。尤袤根据多种版本互相校正，终于得到一个较好的校正本，刻为《山海经传》，从而成为今传十八卷《山海经》的标准版本。

以训诂学为例，宋代人对于郭璞注也有所突破。《山海经·海内北经》林氏国有驺吾之兽。郭璞注云："《周书》曰：'史林（今本《周书·王会篇》为央林）、尊耳（宋本郭注为酋耳）'。尊耳，如虎，尾参于身，食虎豹。《大传》以为侄（仁）兽。吾，宜作虞也。"郭璞不甚了解上古音，以为"吾"错了。但是，宋代训诂学有发展，宋人吴仁杰《两汉刊误补遗》就纠正了这个错误。吴云："建章之兽，长卿（司马相如）从《大传》，谓之驺虞。而曼倩（东方朔）从《山海经》，谓之驺牙（一作吾）。仁杰按：《山海经》本先秦古书，而《大传》乃是景帝世伏生所传。虞者，吾声之转；而吾有牙音。然则字当从《山海经》，而音从曼倩可也。"吴仁杰的观点完全符合现代古音韵学的结论。查唐作藩《上古音手册》，虞、吾、牙，皆为鱼部疑母字，皆平声，三字以音同而互相通假。所以，驺虞、驺吾、驺牙可以互换。郭璞注以为"吾，宜作虞也"的确是错了。薛季宣《浪语集》也批评："其（指《山海经》）所名山川已随世变，草木鸟兽非久存之物，神怪荒唐之说，人耳目所不到，郭氏所注，不能皆得其实。"

不过，宋人考据也有出错的时候。宋周必大《二老堂诗话·陶渊明〈山海经诗〉》记载：

江州《陶靖节集》末载，宣和六年（1125）临溪曾纮谓："靖节《读山海经诗》其一篇云'形天無千岁，猛志固常在'，疑上下文义不贯。遂按《山海经》有云'刑天，兽名。口衔干戚而舞。'以此句为'刑天舞干戚'，因笔画相近，五字皆讹。"

这是当时极其著名的一桩学术公案。多种著作皆引此事而加以肯定，如朱熹《朱子语类》卷一三八、洪迈《容斋随笔·四笔》卷二、邵博《闻见后录》卷一七和周紫芝《竹坡诗话》卷一。今人也多从曾氏此说，以为该诗同时赞扬精卫和刑天的抗争精神。但是，周必大反对曾纮意见："予谓纮说固善，然靖节此题十三篇，大概篇指一事。如前篇终始记夸父，则此篇恐专说精卫。衔木填海，无千岁之寿，而猛志常在，化去不悔。若并指刑天，似不相续。又况末句云：'徒设在昔心，良晨讵可待？'何预干戚之猛邪？后见周紫芝《竹坡诗话》第一卷，复袭纮意以为己说。皆误矣。"元人方回《桐江续集》卷十二《辨渊明诗》认为，曾纮改字后"辞意不相谐合。盖近世读书校雠者好奇之过也。予谓'形夭无千岁'为是，不当轻改"。笔者以为周必大、方回之言为是。文字考证之学直到清代才完全成熟。

但是，北宋王朝的覆灭，使得道教的社会影响力大为削弱，道教无法应对激烈、残酷的民族冲突。这为儒家经学的复兴提

供了机遇。在经历了魏晋以来玄学、佛学、道教的轮番冲击而长期萎靡不振的局面之后，南宋时代儒学重新获得生机，并逐步成为主流意识形态。于是，"子不语怪力乱神"的教条也随之复活。薛季宣《浪语集》卷三十分析《山海经》有失传危险的原因时说："其所名山川，已随世变。草木鸟兽类，非久存之物。神怪荒唐之说，人耳目所不到。郭氏所注，不能皆得其实。而上世故实可供文墨之用者，前人采摘、称引略尽。则此书之垂亡仅在，固宜。"他还指责郭璞《叙》中"道所存，俗之所丧"的感叹是"不无称许之过"。朱熹严词批评《山海经》中的"荒诞"之言，以及世人对于此类内容的爱好。更有甚者，有的学者甚至仅仅根据这些就否定《山海经》作者。例如南宋王观国《学林》。其书卷六云："《山海经》，不知何人作。其言皆九州之外，耳目享所不及者，颇怪而不可信。古之圣人作书如六经者，所以信于天下，后世以为常。经法，如耳目之所不及者，圣人固略而不论也。然则《山海经》者，非圣人之所作可知矣。"这说明，南宋时代儒家经学观念依然像紧箍咒一样束缚在《山海经》头上。而且，由于南宋经学不像汉代经学那样沉迷于天人感应的祯祥变怪，所以，他们对于《山海经》的贬斥比汉儒更加严重，以至于朱熹推测《山海经》是好事者仿《楚辞·天问》而作。

（二）宋代道藏与《山海经》

道教是从中国固有的原始宗教逐步发展形成的。《山海经》中叙述的大量神灵构成了道教神灵的一部分，如黄帝、西王母等。所以，《山海经》在宋代进入道藏是顺理成章的事。

前文考证刘歆定本《山海经》篇目和郭璞注本《山海经》篇目时所引薛季宣《浪语集》、尤袤为《山海经传》所作之跋，证实宋代有两部道藏都收录了《山海经》，而且薛季宣《浪语集》所见道藏本还有《图》十卷，但是，二人都未言是何种道藏。由于宋代道藏均已佚亡，那么，关于当时《道藏》为什么收录《山海经》，《山海经》在其中处于什么地位等问题，我们都只能间接地加以考证。

《大宋天宫宝藏》的领修张君房《云笈七签》是在完成道藏编纂任务、进呈皇帝之后，"复撮其精要，总万余条，以成是书。其称《云笈七签》者，盖道家之言"。它实际是一部道教类书。其卷二为"混元"，谈到对于《山海经》的认识。"古今言天者，一十八家。爰考否臧，互有得失。则盖浑天仪之述，有其言而亡其法矣。至如蒙庄《逍遥》之篇，王仲任《论衡》之说，《山海经》考其理、舍，《列御寇》书其清浊。……义趣不同，师资各异。"所谓"考其理、舍"，指的是《山海经》说明了天的道理和大小。大致相当于《山经》结尾处的"禹曰：'……天地之东西，二万八千里，南北二万六千里。出水之山，八千里。受水者，八千里。出铜之山，四百六十七。出铁之山，三千六百九十。此天地之所分壤树谷也。'"《山海经》中对于日月出人之山，十口，夸父逐日，重黎绝天地通等关于宇宙初创时代的神话事件的叙述，无疑也符合张君房对于"混元"的认识——"混元者，记事于混沌之前，元气之始也"。所以，在张君房眼里，《山海经》是一部包含着宇宙开辟和天地之道

的著作。这是道藏收录《山海经》的一个原因。

《云笈七签》在记述道教神灵时转引了不少《山海经》中的神怪，如黄帝、女娲等。因此，在张君房眼中，《山海经》是记述神灵奇迹的书。这是道藏收录《山海经》的又一个原因。

《山海经》是张君房首先收入道藏的。其后，另一部道藏也援例照收。笔者推测，第三部道藏应该也收录了。进入道藏，标志着《山海经》第一次正式获得神圣经典的地位。《山海经》的"经"字从此真正具有了神圣经典的含义。这是北宋时代道教高度发展的结果。

宋代道藏本还附录了梁武帝时期画家张僧繇所画《山海经图》，见下文考证。

（三）唐宋时期传世的各种《山海经图》考

郭璞以后，历代画《山海经图》者甚多。

唐张彦远《历代名画记》卷三《述古之秘画珍图》云："古之秘画珍图固多散逸，人间不得见之。今粗举领袖，则有……《山海经图》（六，又《钞图》一）……《大荒经图》（二十六）……《百国人图》（一）……"张氏所记《山海经图》作者不详。《大荒经图》、《百国人图》应该也是与《山海经》有关的图。情况不明，待考。

南宋孝宗淳熙五年（1178）完成的《中兴馆阁书目》（以下简称《中兴书目》）共提及三种《山海经图》，均为十卷。第一种是梁武帝时期张僧繇画《山海经图》十卷，"每卷中先类所画名，凡二百四十七种。其经文不全见"。笔者从此书后来的模本（即舒雅《山海经图》）是神怪奇异图来推测，张僧繇所画应该也是同类。张以善画闻名于世，而舒雅《山海经图》首载朱昂《进僧繇画图表》，由此可知张僧繇《山海经图》早已进入了宫廷，其艺术水准应该是很高的。但是，当时张画"其经文不全见"，意思是画中说明文字残缺了。而南宋宫廷已无此图。

《中兴书目》又著录了北宋校理舒雅于咸平二年（999）根据皇家图书馆保存的张僧繇之图（已破损）重画的《山海经图》十卷，首载朱昂《进僧繇画图表》。舒雅之图在《崇文总目》、《通志》、《郡斋读书志》、《直斋书录解题》、《文献通考》均有著录，非常著名。王应麟（1223—1296）《玉海》卷十四云："咸平《山海经图》：见后。"咸平《山海经图》，即舒雅《山海经图》。王应麟将它收入了类书《玉海》，今本《玉海》无，已佚。

《中兴书目》还著录了一部无名氏的作品："《山海经图》十卷，首载郭璞序，节录经文，而图其物如张僧繇本。不著姓氏。"此图一直流传到元代，在《宋史》卷二〇六著录为《山海图经》十卷，郭璞序，不注姓名。

宋徽宗时代著名学者黄伯思曾见过《山海经图》。其《东观余论》卷下《跋滕子济所藏貘图后》云："按《山海经图》：'南方山谷中有兽曰貘。象鼻，犀目，牛尾，虎足。人寝其皮辟温（当为"瘟"）；图其形辟邪。嗜铜铁，弗食他物。'昔白乐天尝作小屏卫首，据此像图而赞之，载于集中。今观此画，夷考其形。与《山海图》、《乐天集》所载同。岂非白屏画迹之遗范乎?"今本《山海经》与《图赞》均无貘。但是,白居易所见《山海经》中尚有,其《貘屏赞》小序直接引《山海经》曰:"南方山谷中有兽曰貘。象鼻,犀目,牛尾,虎足。人寝其皮辟温(瘟);图其形辟邪。"黄伯思又引述,想必当年确有其文,而后来佚失了。郭璞注《尔雅·释兽》"貘,白豹"曰:"貘似熊,小头,庳脚,黑白驳。能舔食铜铁及竹骨,骨节强直,中实少髓。或曰:'豹白色者,别名貘。'"与白居易所见《山海经》、黄伯思所寓目之《山海经图》所引文字有差异。黄伯思所引《山海经图》有文、有图,但是其文不是郭璞《图赞》那样的韵文,而是《山海经》中原有的散文,可见此图与陶渊明所见之郭璞图已经不同。可能是属于张僧繇图系列的。

南宋薛季宣见过两种《山海经图》。其《浪语集》卷三十《叙山海经》讨论道藏本《山海经》所附录之图云:

又《图》十卷,文多阙略。世有模板张僧繇画《山海经图》,详于道藏本。然,道藏所画,不出十三篇中。模本画图有经未尝见者。按:《五山经》,山多亡轶。意僧繇画时,其文尚完。不然,后人傅托名之,不可知也。不敢按据模本,姑以《道藏》经图,参校缮写,藏之于所。传疑"有曰"、"一曰"、"或作"之类,皆郭注之旧。云"一作"、"图作"者,今所存也。

其中道藏本"《图》十卷,文多阙略",与《中兴总目》著录的张僧繇本同，那么这个道藏本所附的《山海经图》可能是真正的张僧繇图。而所谓模板张僧繇所画之图，就是《中兴书目》著录的无名氏《山海经图》。薛季宣发现模板画的时代在后反而图画更多，甚至超出经文范围，遂对之产生怀疑。薛推测：世人见道藏本之图，内容均在《山海经》中，就假托张僧繇之名，故意多画一些经文所没有的东西，以冒充古老。因此，他小心地选择了道藏本之经文和插图加以保存。

另外，著名画家郭熙的儿子郭思也有《山海经图》。据元夏文彦《图绘宝鉴》云："郭思，熙（郭熙）之子，亦善杂画。崇观（宋徽宗年号崇宁、大观）中应制画《山海经图》。其中瑞马颇得曹汉遗法。"但，此图未见著录。宋徽宗爱好道家思想，自称道君皇帝。他没有陋儒们的思想束缚，指派宫廷画家作《山海经图》，倒是合乎情理的。

上述《山海经图》都是神怪图。但是，古代著录的《山海经图》并不都是怪物图，也有山川地理图。宋人郑樵《通志》卷六十六艺文略"方物类"著录舒雅《山海经图》十卷；又在卷七十二的"地理图"类中著录《山海经图》，无撰者。从其分类位置看，这部《山海经图》应当是地理图，不是怪物图。

《宋史》卷二〇六《艺文志》著录郭璞《山海经》十八卷，郭璞《葬书》一卷，《山海图经》十卷，无撰者。这个十卷本《山海图经》当是舒雅《山海经图》。

此后，这些古老的《山海经图》都亡佚了。

今日所见之古图均为明清以后所画。如明蒋应镐《山海经图》、王崇庆《山海经释义》插图、胡文焕《山海经图》，清吴

任臣《增补绘像山海经广注》插图、汪绂《山海经存》插图等，均无《图赞》附录。清毕沅《山海经》学库山房图注本、郝懿行《山海经笺疏》插图有部分《图赞》，民国八年（1919）上海锦章图书局的《山海经图说》是每图加赞的。为简洁，不复具论。

历史上出现的各种《山海经图》以及《山海经》部分篇章对于事物静态形象的描述到宋代引发了学者们对于《山海经》和图画之间关系的讨论，这促进了对于《山海经》本身认识的深入，成为《山海经》学术史的一个重要组成部分。

（四）宋人论《山海经》和禹鼎图之关系及作者

欧阳修《读山海经图》诗最早把《山海经》与禹鼎联系在一起。其诗云：

夏鼎象九州，《山经》有遗载。空濛大荒中，杳霭群山会。

炎海积歊蒸，阴幽异明晦。奔趋各异种，倏忽俄万态。

群伦固殊禀，至理宁一概。骇者自云惊，生兮孰知怪。

未能识造化，但尔披图绘。不有万物殊，岂知方舆大。

全诗叙述图中各种神奇事物禀赋不同，动静不一。主题思想是其形虽怪，道理相同，正足以说明世界之大。可见，欧阳修所见这部《山海经图》画的是奇兽异物。张祝平《宋人所论〈山海经图〉辩正》把欧阳修诗中夸饰的背景描述误解为图中全部是山川地貌，认为此《山海经图》是"山川地貌全景图"，否定欧阳修所见之图为奇兽异物。其说有待商榷。

诗中所谓夏鼎，见于《左传·宣公三年》王孙满对楚子之言："昔夏之方有德也，远方图物，贡金九牧。铸鼎象物，百物而为之备，使已知神物。故民入川泽山林，不逢不若，魑魅魍魉，莫能逢之。"晋杜预注："禹之世，图画山川奇异之物而献之。使九州之牧贡金，象所图之物著之于鼎。图鬼神百物之形，使民逆备之。"这个传说也是基于大禹治水。其内容与刘歆以来关于禹、益治水并创作《山海经》的说法具有内在一致性。欧阳修看到了这一点，诗中说《山经》保存了夏鼎的部分遗迹。这暗示了《山海经》乃是对于夏鼎图的描述。

南宋薛季宣对此也有相同认识。其《浪语集》卷三十《叙山海经》引述《左传》关于铸鼎的文字后，云："《山海》所述，不几是也？"不过，薛季宣认为《山海经》绝对不是先秦有夏遗书，批评刘歆"直云伯益所记，又分伯益、伯（一作柏）翳以为二人，皆未之详。考于《太史公记》，则汉西京书，非后世之作也。《山海经》要为有本于古，或秦汉增益之书"。

到了明代，杨慎《注〈山海经〉序》认定《山海经》与禹鼎图有关，发展出完整的"禹鼎图"假说。清毕沅、郝懿行、今人余嘉锡、袁珂也不同程度地同意此说。

宋人对于《山海经》作者有不同认识。晁公武《郡斋读书志》卷八列《山海经》为地理类之首，认为是大禹制。尤袤《山海经跋》对此有怀疑，云："《山海经》十八篇，世云夏禹为之，非也。其间或撰启及有穷后羿之事。汉儒云：'翳为之'，亦非也。然屈原《离骚经》多摘取其事，则其为先秦书

不疑也。”但是，朱熹则连“先秦书”的说法也否定了，他推测《山海经》是汉人“缘《天问》而作”，并得到陈振孙等人支持，待下文详述。

（五）朱熹的《山海经》研究

1. 对《山海经》的一般评价

朱熹作为南宋第一大儒，虽然有着经学立场的偏见，但是他对于《山海经》的认识还是比较全面的。既注意到《山海经》中的神怪叙述，也没有忽视其中的地理志内容。

通过研究，朱熹对于《山海经》中《山经》部分是基本肯定的。《朱子语类》卷一百三十八中有弟子询问《山海经》的问题。朱熹回答：“一卷说山川者好。如说禽兽之形，往往是记录汉家宫室中所画者。如说南向、北向，可知其为画本也。”这是对于《山经》地理描述的总体肯定，也批评关于禽兽形状的记录并非事实。由于当时学者尚未了解《海内东经》结尾部分是后世羼入的《水经》内容，所以朱熹对于《海内东经》此部分内容也给予了肯定。“浙江出三天子都，在其东……右出《山海经》第十三卷。按：《山海经》唯此数卷所记颇得古今山川形势之实，而无荒诞谲怪之词。……此数语者，又为得今江浙形势之实。但经中浙字，《汉志》注中作渐，盖字之误，石林已尝辨之。”（《朱子全书》卷五十）

但是，儒家经学的立场使朱熹对于《山海经》中那些“荒诞谲怪”的内容非常不满，对于世人忽视其中真实地理内容而偏好怪异内容的态度也全然否定。“然诸经（师）皆莫之考。

而其他卷谬悠之说，则往往诵而传之。虽陶公（陶渊明）不免也。"（《朱子全书》卷五十）这里把他平时喜爱的陶渊明也一并加以批评，可见其态度之严厉。当洪兴祖引用《山海经》中鲧窃息壤遭祝融诛杀的情节注解《天问》时，朱熹更加恼怒："祝融，颛帝之后，死而为神。盖言上帝使其神诛鲧也。若尧舜时，则无此人久矣。此《山海经》之妄也。"朱熹不顾古籍中各种祝融神话之间彼此矛盾的实际存在，用其一否定其他，是非常武断的。这种武断不符合他在学术研究中一贯的冷静态度。可能因为其经学立场在其中产生了影响，才使他如此动怒。

2.《山海经》是模仿《天问》的"述汉家宫室图之作"

朱熹是很早关注《山海经》和图画关系的一位学者。他发现了《山海经》部分叙述文字具有明显的述图痕迹。他在《记〈山海经〉》云："（《山海经》）记诸异物飞走之类，多云'东向'，或云'东首'，皆为一定而不易之形"，所以推测《山海经》为"本依图画而为之，非实记载此处有此物也"。《朱子语类》卷一百三十八答弟子问云："（《山海经》）如说禽兽之形，往往是记录汉家宫室中所画者。如说南向、北向，可知其为画本也。"说禽兽之形者，《山海经》各篇皆有。而"东向"、"东首"、"南向"、"北向"者多在《海经》、《荒经》。如《海外西经》说："开明，兽身，大类虎而九首。皆人面，东向，立昆仑上。"如《海外北经》说共工之台："台四方，隅有一蛇，虎色，首冲南方。"朱熹所谓的"一定不易之形"，就是指经文中此类类似画面的静态描写。这一发现有助于理解经文内容，非常重要。后世学者论及《山海经》与图的关系，都是在朱熹发现的基础上展开。王应麟《王会补传》称赞朱说"得其实"。明人胡应麟《少室山房笔丛正集》卷十六赞扬朱熹的发现，云："甚矣，紫阳之善读书也！即此文意之间，古今博雅所未究，而独能察之。况平生精力萃于经传者可浅窥乎？"

朱熹推测《山海经》描写的禽兽之形"往往是记录汉家宫室中所画者"，显然是由于注解《楚辞》而受到王逸注的启发。王逸《楚辞章句》，认为《天问》是屈原见"楚有先王之庙及公卿祠堂，图画天地山川神灵，琦玮僪佹，及古贤圣怪物行事"，"因书其壁，呵而问之"，遂成此诗。《朱子语类》卷一百三十八云："古人有图画之学，如《九歌》、《天问》皆此其类。"汉代的确流行在壁上作画的习惯，如武梁祠、如墓穴画像。故，朱熹说《山海经》是记录图画，不为妄测。可是，朱熹把年代弄错了。绝大多数学者一般认为《山海经》是先秦古书，所本之古图更应该是先秦时代的。

一反自古以来学术界认为《山海经》早于《楚辞》的共识，朱熹认为《山海经》是汉人因《天问》而作。其《楚辞集注·楚辞辩证》卷下云：

大抵古今说《天问》者，皆本此二书（指《山海经》、《淮南子》）。今以文意考之，疑此二书本皆缘解此《问》而作。而此《问》之言，特战国时俚俗相传之语，如今世俗所谓僧伽降无之祈、许逊斩蛟蜃精之类，本无稽据。而好事者，遂假托撰造以实之。

朱熹还具体考证中运用此假说进行推论：

（《天问》）"启棘宾商"四字，本是"启梦宾天"。而世传两本，彼此互有得失，遂致纷纭不复可晓。盖作《山海经》者所见之本"梦天"二字不误，独以宾、嫔相似，遂误以宾为嫔而造为启上三嫔于天之说，以实其谬。王逸所传之本"宾"字幸得不误，乃以篆文"梦天"二字中间坏灭，独存四外，有似"棘"、"商"，遂误以"梦"为"棘"，以"天"为"商"，而于注中又以列陈宫商为说……（洪兴祖）且谓屈原多用《山海经》语，而不知《山海》实因此书而作。

朱熹完全颠覆了王逸以来用《山海经》注解《楚辞》的传统。此假说主要凭借推理，并无事实依据，但是在南宋时代盛行。陈振孙《直斋书录解题》卷十五评朱熹此论云："至谓《山海经》、《淮南子》殆因《天问》而著书，说者反取二书以证《天问》，可谓高世绝识，毫发无恨者矣！"其卷八《山海经十八卷》条又云："……而朱晦翁则曰：'古今说《天问》者皆本此二书（指《山海经》与《淮南子》）。今以文意考之，疑此二书本皆缘解《天问》而作。'可以破千载之惑！"马端临《文献通考》卷二百四照抄陈氏溢美之辞。朱熹、陈振孙、马端临都是宋代大家，却共同坚持一个无根假说，由此可见当时学术界爱好"以理论断"的学风。明人胡应麟不察，也赞同此论。其《少室山房笔丛正集》卷十六云："始，余读《山海经》，而疑其本《穆天子传》，杂录《离骚》、《庄》、《列》，傅会以成者。然以其出于先秦，未敢自信。载读《楚辞辩证》云'古今说《天问》者，皆本《山海经》、《淮南子》。今以文意考之，疑此二书皆缘《天问》而作。'则紫阳已先得矣。"不过，胡应麟相对谨慎，断定《山海经》是"战国好奇之士取《穆天子传》，杂录《庄》、《列》、《离骚》、《周书》、《晋乘》以成者"。比朱熹的汉人所作说相对较早一些。

朱熹的假说得到后世一些辨伪学者的支持，如清人姚际恒《古今伪书考》、崔述《崔东壁遗书·夏考信录》等。崔云：《山海经》"书中所载，其事荒唐无稽，其文浅弱不振，盖搜辑诸子小说之言而成书者。其尤显然可见者，长沙、零陵、桂阳、诸暨等郡县名，皆秦汉以后始有之，其为汉人所撰明矣"。但是，多数学者不赞同朱熹这一假说。清吴任臣《读〈山海经〉语》云："周秦诸子，惟屈原最熟读此经。《天问》中如'十日代出'、'启棘宾商'……皆原本斯经。校勘家以《山海经》为秦汉人所作，即此可辨。"鲁迅《中国小说史略》云："以（《山海经》）为禹、益作者固非，而谓因《楚辞》而造者亦未是……"则学术变迁之一斑于此可以窥见矣。

余嘉锡《四库提要辨证》基本支持王逸注解《天问》的说法，并推论道："疑古先王之庙及公卿祠堂其所画者，即《山海经》图也。但朱子又谓《山海经》反因《天问》而作，则其意与王逸异矣。"余嘉锡的推论颇得当代学者赞同。吕子方《读〈山海经〉杂记》几乎是反朱熹之论而用之："《山海经》是楚国先王庙里壁画的脚本。"于是，认识又重新回到《山海经》早于《楚辞》的学术传统中。

（六）宋人对于《山海经》地理志性质的怀疑

由于魏晋以后地理学的长足发展，特别是唐宋两代对于全国土地的大规模勘察、丈量，以及唐《元和郡县志》、宋《太平寰宇记》、《元丰九域志》等书的编纂成书，宋人地理学知识已经相当充分。而其历史地理学尚未充分发展，所以，尽管多数学者依然视《山海经》为地理书，但是有些学者则根据其当代地理观念，开始以怀疑的目光打量《山海经》。

陈振孙《直斋书录解题》卷八地理类著录《山海经》十八卷。但是，他转引司马迁评语认为《山海经》不真实，又引朱熹之语，认为是"缘解《天问》而作"，暗示此书非地理志，故云："古今相传既久，姑以冠地理书之首。"马端临《文献通考》赞同其说。

郑樵（1104～1162）《通志》卷六十六将《山海经》列入"方物类"，与《神异经》、《异物志》并列。郑樵是把《山海经》当做专门叙写远方怪物的著作，显然也在怀疑其地理记述的真实性，而且暗示它是志怪之作。此事开了明代胡应麟定《山海经》为"志怪之祖"说法的先河。

王应麟（1223～1296）对《山海经》的地理学描述也不全信。但是，王氏考虑到地理山川的历史演变，并不认为《山海经》内容与当前真实地理之不相符合的原因都是经文失真造成。他的看法比较折中，态度也不那么偏激。其《通鉴地理通释·自序》云：

言地理者难于言天，何为其难也？日月星辰之度终古而不易，郡国山川之名，屡变而无穷。……《虞书》九共，先儒以为《九丘》，其篇轶焉。传于今者，《禹贡》、《职方》而止尔。若《山海经》、《周书·王会》、《尔雅》之《释地》、《管氏》之《地员》、《吕览》之《有始》、《鸿烈》之《地形》，亦好古爱奇者所不废。

因此，王应麟在注解渭水、鸟鼠同穴山等处时，皆注明古今地名变化，并引《山海经》及郭璞注作证。他的历史地理学成就得到《四库提要》的良好评价："其中征引浩博，考核明确。而叙列朝分据、战攻，尤一一得其要领，于史学最为有功。"

宋代去古未远，郭璞《山海经注》、《图赞》和《山海经图》尚有保存，并为学者寓目。这保证了宋代《山海经》学在考据方面的重要价值。如果没有宋代道藏本《山海经》的存在及薛季宣、尤袤等人的记述，我们根本无法解决刘歆定本《山海经》十八篇与班固著录《山海经》十三篇之间的矛盾。同样，没有宋人对于《山海经图》的记录，我们也很难了解郭璞之后此类图画的社会影响力。

宋人没有留下一部能够代表他们对于《山海经》全面认识的注本，是一件令人惋惜的事。

明代时的《山海经》研究

（一）明代社会和学术的世俗化倾向

明人学术自清代乾嘉以后饱受学界讥刺，"无根"、"肤浅"、"空疏"都是用来批评明代学术的词汇。这实际上是用乾嘉时代的学术价值观要求明代学术，在很大程度上误解了明代，贬低了明代学术成就。笔者本着同情之心看待明代学术、看待明代《山海经》学。

明代社会世俗化倾向明显。商业社会迅速发展，市民阶层崛起，社会文化需求十分旺盛。适应这种社会需求，《山海经》各种刻本纷纷出现。目前已知的刻本有正统年间（1436～1449）道藏本，成化四年（1468）北京国子监刻本，嘉靖十五年（1536）潘侃前山书屋刻本，嘉靖年间翻刻宋本，万历十三年（1585）《山海经·水经》合刻本等。另外，为适应通俗阅读的要求，还出现了蒋应镐、武临父绘图的《山海经图绘全像》十八卷，胡文焕《山海经图》和嘉靖年间刻本王崇庆《山海经释义》十八卷，万历二十五年（1597）尧山堂刻本《山海经释义》十八卷、《图》二卷，万历四十七年（1619）大业堂

刻本《山海经释义》十八卷、《图》二卷，刘会孟《评山海经》等。这些刻本的大量出现，特别是绘图本的出现，无疑使《山海经》进一步深入到社会各个阶层之中。

明代儒家思想相对比较宽松。尽管有人依然反对《山海经》言怪，但是连国子监也带头于成化四年（1468）刊刻《山海经》郭璞注，理由是"永为士大夫博学之助"。这是利用孔子的博学原则来对抗"不语怪"原则，借以肯定《山海经》。由于首刻错误较多，后来还重加编校，于成化六年（1470）再次刊刻。明代道教比较发达，特别是明成祖朱棣以后各帝都重视道教。明英宗正统年间重新编纂了道藏，其中也收录了《山海经》。而且正统道藏本时代早，校刻精，故为后来毕沅、郝懿行等学术大家所采用。

由于商业社会、市民社会的逐步发展，社会资源不再垄断于官府。知识分子也不必走经学"学而优则仕"的独木桥，部分人转而依赖商业社会、市民阶层，自己独立谋生存、求发展。因此，其学术趣味、学术内容都随着其生活方式的改变而大为变化。明代《山海经》研究比较强调其文学性。杨慎把《山海经》看做优秀古文，"如山珍海错"。王崇庆甚至把《山海经》完全视为文学寓言。他们的解说很少艰深、烦琐的考据，普通人都可以读懂，体现出一种世俗化倾向。这是和当时社会的世俗化潮流分不开的。

从经学的学术传统而言，宋儒已经偏重义理，而忽视章句。明人继续沿袭宋人传统，倡言义理，少有考据。学者可以根据自己内心的需要而发议论。这决定了此时的学术完全可以无所依傍，多发个人臆想的特点。明代《山海经》学的两个大家王崇庆和杨慎都是如此。过去学界对于王崇庆、杨慎的《山海经》研究评价不高，大多是受乾嘉学派的影响，用考据学的标准去要求明代学术，而不是本着同情心，从明代人自己的价值观念出发来展开研究。这是不大符合现代学术史观的。其实，学问不一定都要从训诂中来，义理也是学问的源头之一。清人搞考据自有道理；明人讲义理，也自有道理。拿清人考据学的标准要求明人，明人自然不合格；而反过来，用明人义理的标准要求清人，清人一定都是呆子。所以，合理的学术史观还是以相对主义、多元化为根本，用明人的标准对待明人；用清人的标准对待清人。不过，明人也有考据。如杨慎的《山海经补注》就有一些考据；而胡应麟《少室山房笔丛》对《山海经》有更多的考据，且取得了不少成绩，对清代四库馆臣有一定的影响。

明代《山海经》研究开始走上全面发展的道路。已知注本有杨慎《山海经补注》一卷、王崇庆《山海经释义》十八卷、刘会孟《评山海经》十八卷等。它们分别在文字训诂、义理诸方面对《山海经》有所阐发。另外还有朱铨《山海经腴词》一卷，专门研究如何在文学创作中运用《山海经》的美妙言辞。其他学者如王世贞、胡应麟、朱长春等也都对《山海经》性质和意义发表了各自独特的意见。这是前代从未有过的学术盛况。本文重点探讨其中影响较大的王崇庆、杨慎和胡应麟的《山海经》研究。

（二）王崇庆《山海经释义》的正统立场和"寓言说"

——附说刘会孟《评山海经》

王崇庆（1484～1565），字德徵，号端溪子，大名府开州人，曾任南京吏、礼二部尚书。有《五经心义》，《周易议卦》，《山海经释义》十八卷，《图》二卷。

《山海经释义》现在所见最早版本藏于北京大学图书馆。其自序落款时间是"明嘉靖岁丁酉夏六月丁未"，即嘉靖十六年（1537）。王重民《中国善本书提要》定为嘉靖间刻本。又有万历二十五年（1597）蒋一葵尧山堂重刻本，十八卷，附图二卷，有董汉儒《重刻山海经释义序》，藏国家图书馆，此本刻工精善。另外，还有万历四十七年（1619）大业堂刻本，1995年齐鲁书社影印，收入《四库全书存目丛书》子部第245册，比较易得，但书页有残缺。

1. 王崇庆的正统立场及其思想矛盾

王崇庆的封建正统思想非常浓厚。根据董汉儒介绍，他立朝若干年，每以忠义自许。"九夷八蛮，际蟠所极，莫不欲其归于总理，使圣明之化无远弗届。其为释，非无意也。"这种正统思想被贯彻在他的《山海经释义》中。

他从儒家正统立场出发，要求所有著作必须有助于教化，并以此为标准衡量《山海经》。王云："《山海经》何为者与？是故以之治世，则颇而不平；以之序伦，则幻而鲜实；以之垂永，则杂而寡要。恶在其为经也。"他对《山海经》与儒家六经同称为"经"是非常不满的。既然如此，他本来是不应该研究《山海经》的。根据其《序〈山海经释义〉》自述的写作目的，王崇庆是考虑到《山海经》传世既久，其中也有一些内容合乎道理，为避免未来出现"异言出而教衰，邪音奏而雅亡"的局面才作《释义》的，以纠正郭璞注"弗信理而信物，不语常而语怪"的问题。这是王崇庆为自己做《释义》的一种自我开脱。赵维垣《山海经释义跋》也为王崇庆找理由：

> 古人有言云："六合之外，圣人存而不论；六合之内，圣人论而不议。"今观端溪之释，窃思考亭夫子（指朱熹）每于六经注述之暇，楚词、农圃、医、卜、稗官小说，亦罔不究竟。斯殆天人之学，豪杰之才也乎？考亭夫子、端溪，其道一也。

可是，《山海经》毕竟不是儒家经典，有些内容可能与儒家正统思想一致，但许多内容与儒家正统思想相抵触。于是，王崇庆《释义》在具体评论中时而加以肯定，时而加以严厉批评。其对待郭璞的态度也呈现出自我矛盾。他在《序〈山海经释义〉》中一面说"吾将奇其人而伟其博"，一面又指责郭"弗信理而信物，不语常而语怪"。这些都表现出王氏内心情感和理智的冲突。

这种自相矛盾的做法在《山海经》学术史上不止王崇庆一个。《四库全书总目提要》指责《山海经》"多参以神怪之名"。

但是，作为总纂的纪晓岚自己却在其《阅微草堂笔记》中大言神怪。而且记载嗣诚谋英勇公狩猎时见到过一个无头人，以乳为目，以脐为口，乘马射鹿，纪晓岚认为这就是《山海经》中的刑天。又说乌鲁木齐山中的小人红柳娃就是《山海经》中的靖人。纪晓岚对《山海经》的评价也存在自相矛盾。

这样看来，王崇庆不是在注解《山海经》，而是让《山海经》为自己所用。用董汉儒的说法："宇宙间至不齐者，物。顾以一心剂量之，非公（王崇庆）释经也，乃经释公也。"董汉儒是肯定王崇庆做法的。看来，这种对待《山海经》的自相矛盾态度是封建时代正统知识分子常见的问题。笔者认为，其根源在于儒家正统价值观反对《山海经》语怪，而作者个人的心理又需要《山海经》使自己暂时超脱尘世，于是就形成了内在冲突。

2. 敷陈义理的评论方式

宋、明两代学者轻视章句，好言义理。王崇庆《山海经释义》除了引述郭璞注以外，基本没有自己的文字训诂，主要篇幅都是根据所谓义理进行评论。所以，与其说《释义》是《山海经》注本，不如说是《山海经》评论集。这在《山海经》学术史上是有体例创新意义的。而且，王氏几乎是每段皆有评语，释义数量非常之大。所以，我们不能用考据学标准去要求王崇庆，而应该从书评的角度来看问题。

王崇庆使用生活常理判断《山海经》内容的真伪。如《南山经》猨翼之山，有怪蛇、怪兽、怪木等，不可以上。王云：

"山既不可以上，则凡怪蛇、怪木与所谓怪鱼，又何从而见之？不可见，则何由而知之。凡此，自相矛盾而不可信者也。"《南山经》招摇之山有迷穀，据说"佩之不迷"。王评论道："且人之智愚，性也。气质可化，学也。而曰：'迷穀，佩之不迷。'则凡地之近彼者，皆化为聪间矣乎？理之所必无也。"王又根据水獭可以两栖而判断《南山经》鲑鱼能够"陵居"无可怀疑。解释鸟鼠同穴山"疑亦物之异种同处一穴，相驯而不相忌耳"，倒是平实而合理。王崇庆还根据北方较南方冷的事实判断《北山经》冬夏有雪的情形"非妄也"，符合实际。这种从所谓常理推断事实的做法一般只能得到某种可能性，虽然有正确的时候，但是并不很可靠。

王崇庆对于长生不死、死后变形之类的内容自然也都予以批驳。如解说《大荒南经》不死国云："自古皆有死，而有不死国乎？夫以国而不死，则是肆欲而无复忌惮矣。"解说《海外北经》夸父神话云："夸父逐日犹精卫填海，喻人之不量力，可也；而以为诚有是，则误矣。"

对于《山经》涉及的各种奇形怪状的山神，王崇庆一概否定：

凡山川之灵气能兴云雨、济万物皆神也。仲尼曰："气者，神之盛也。"审若是，然后知有形者非神也。夫古有望于山川之祭，谓其有功于民也。然则此所谓鸟身而龙首，疑亦兽之怪欤？记者未明物理，遂以为神，过也。（《南次一经》山神）

　　凡异物，小人以为神，君子以为怪。……惜乎，愚俗惑于淫祀而莫救也。（《南次二经》山神）

　　作者急切的以儒学教化大众的心态表露无遗。他以儒家的神学观念为正统去否定其他神学观念，代表了当时一大批儒家知识分子普遍的牧民心态。

　　身处高位，王崇庆的统治者意识是非常强烈的。他常常用统治术来判断《山海经》内容是否合乎所谓"大义"。《山经》记载大量物产资源，王崇庆在《西山经》莱山条下，云："凡草木鸟兽，莫山川为多。王者承天命而纲纪万物，莫此为大。昔舜咨四岳，命虞人以掌山泽，盖帝王赞化育之大端。宜其不敢忽也。"他认为《山经》结尾处概述天下山川资源时只言铜铁，不及金银是防止争斗，防止战争。这是大致符合《山海经》原始意义的判断。统治术也包含着十分黑暗的内容。《大荒南经》有"盈民国，於姓，黍食"。此条，古人无注。王崇庆以为是寓言，把盈理解为饱，把"於"理解为"欲"，把"黍"理解为老鼠，故其《释义》云："盈民，饱民而满其欲者也。"解说非常新颖。但是，王进一步说："夫饱民而满其欲，愚莫大焉。其斯以为愚乎？凡士之不能报国爱民，皆所谓窃禄也。去鼠窃几何哉！黍（鼠）食之叹，宜矣。"满足百姓的欲望，为什么被王崇庆斥为"愚莫大焉"？其实这里就是王崇庆追求的统治术。一旦百姓满足了，君王就无法驱使他们为自己所用。士大夫用饱民的方法治国，反而害了君主和百姓。所以，这样的士大夫在王崇庆看来就是窃取俸禄的老鼠。王崇庆所表达出来的这种"大义"实际是驱使百姓、以百姓为君王工具的统治术。

治道是包括道德教化的。《南山经》青邱之山有兽，类狐而九尾，吃人。但是人吃了它则可以不受蛊毒。王崇庆从教化的意义出发评论道："兽相食且人恶之，况九尾类狐者能食人乎？然曰：'食者不蛊。'则又言人之食兽也。夫人与兽相食，是大乱之道也。按经究实，防微杜渐。为世道计者，何可忽与？"王说未免求之过深了。

3. 寓言说

王崇庆出于寻找《山海经》教化价值的需要，把《山海经》许多内容都解释为寓言。这是一种出于道德目的的文学解读方式。他的这个假设，不仅涉及如何评价具体叙事单元，还将关系到如何判断《山海经》作者和创作目的，所以，比较重要。

王崇庆的"寓言"说主要针对《荒经》以下。《山海经释义》卷十四云："海内、海外，即大荒在矣。而又列大荒与？故知《大荒》寓言也。故，寓言当以意会也。"

按照这种意会的方法，他解释《大荒东经》"小人国，名靖人"一句，云："小人，靖人也。其刺恶者婉矣。形之大小而论，非旨也。"小人国，是世界各国神话传说常有的一种异域想象。王崇庆解释为讽刺小人，一个根据是其人短小，但主要根据是其名称"靖人"。靖人，即净人，指寺院中担负杂役的俗人，地位低下。王在文学解读的自由范围之内大胆假设"小人国"是出于讥讽小人的目的而想象出来的寓言。《大荒东经》又有"大人之市，名曰大人之堂。有一大人踆其上，张其两耳"。郭璞注其中"大人之堂"云："亦山名，形如堂室也。大人时集会其上，作市肆也。"王崇庆从中读出了微言大义："既谓之市，又谓之堂，然则市道行国，无政矣。且谓'踆其上。张其两耳'，夫小人而据高位，方且肆其私察以为毒。尚足以为政乎？"这是王崇庆根据自己的价值观解读出来的内容，由于合乎其观念而得到他的肯定。至于《大荒西经》"开上三嫔于天，得《九辩》、《九歌》以下"，由于描写了给天帝贡献美色而违背了王崇庆的神圣观念，遭到他严厉批判："岂有是哉！……知《开筮》、《竹书》之传乱道惑世，莫此为甚。噫，此（指《山海经》）岂其流派也与？"王崇庆读出的寓意，都是关乎道德的，显示出作者强烈的道德关切。

王崇庆用意会的方法又从《荒经》中读出了秦汉之际的一系列政治斗争。《大荒北经》夸父逐日是有名的神话。夸父焦渴难耐，饮河不足，"将走大泽，未至，死于此。应龙已杀蚩尤，又杀夸父。乃去南方处之。故南方多雨"。王《释义》云："（秦始皇）沙丘之崩，其未至而死。与'应龙杀之'，其汉代秦与？'南方处之'、'南方多雨'，汉火德王与？除秦苛法，王泽其深与？若夫昆仑而又继之以岳山，高也。其汉高之隐名与？不然，是为舛词。"《大荒北经》烛龙，王《释义》云："以烛龙目之开闭而为昼夜，寓言若是，屡矣！秦汉之兴亡，大略可见。"类似例子还有对于继无民的解释等等。把寓言附会到历史上，超出了文学自由解读的限度。猜测之辞过多，恐不足据。

既然这些所谓"寓言"包含秦汉历史，那么《山海经》或者至少是《荒经》的作者就只能是汉代人了。故王崇庆云：

考之建平，盖汉哀帝世。刘向之孙曰龚者，号称笃信而济之博通，盖汉史之尤出也。其管领是书，果出先代，宜有辩证；或参以己意，亦当平反。而一时修撰如秀辈，故皆无闻焉。是庄、列寓言之妄，汉晋皆踵之乎？

由于这个假说的可靠论据太少，后来学者未见支持者。

把《山海经》解释为寓言的情况还见于刘维《山海经策》。刘维，生卒年待考。清吴任臣《山海经杂述》引述了刘维的看法：

至若经言贰负之臣，帝梏之疏属之山，桎其足，缚其两手，至汉宣帝时犹验。此足为二心之臣戒。有蜮民之国，射蜮是食。为鬼为蜮，则不可得。射而食之，此可为邪民戒。丰次（应为"沮"）玉门、日月所入；倚（应为"猗"）天苏门，日月所生。羲和之国，浴日；天虞浴月。日月，君象也，而浴之，此可为夹辅日月者劝。此即无是事，而理故足信，况经备载之乎？

刘维同样从《山海经》中读出了道德与政治寓意。可见，

1376

王崇庆的寓言说是有一定普遍性的。

4. 世俗化的解说方式

王崇庆与杨慎大致同时，但是双方经历大异，思想差距甚远。所以，其《山海经释义》在许多方面与杨慎《山海经补注》迥然相异。但在世俗化解说方式方面双方倒是颇多一致之处。

《山海经释义》没有任何精深的文字考证和史料说明，基本都是用浅显的道理和现实性关切来议论经文。对于《山海经》的文学价值，作者主要从寓言角度、道德立场做了解说。偶尔也有纯粹的艺术感悟。如《西次三经》不周山条下，《释义》云："细玩此书，不独善纪而已。如所谓'浑浑泡泡'、'其实如桃'、'黄华赤柎'、'食之不劳'。皆纪事中寓韵读者。"这里不仅肯定《山海经》的叙事技巧，还肯定其中包含音韵之美。这的确是一个发现。当代学者萧兵在《山海经文化寻踪》中指出《山海经》有乐园情结，凡是叙述乐园的文字，往往包含韵语。这印证了王崇庆的发现。

5. 刘会孟《评山海经》

刘会孟，生平无考。其《评山海经》十八卷的内容仅见清人吴任臣《山海经广注》转引了约四十条。这些被引用的材料主要是地理解说，也有一些是名物训诂，还有类似王崇庆《山海经释义》的评论。

地理解说的条目最多。例如，《西山经》轩辕之丘，刘会孟曰："今新郑县，古有熊氏之国。"《北山经》谒戾之山，郭璞注云：“今在上党郡涅县。”刘会孟云：“今在泽州高平县。”《北山经》燕山多婴石。郭注曰：“言石似玉，有符彩婴带，所谓燕石者。”刘会孟云：“今此石出保定满城县。语云，鱼目混珠，燕石乱玉。”刘会孟通常都是用明代地名进行解说，通俗而实际。

名物训诂类的例子，如《东山经》：“……絜钩，见则其国多疫。”刘会孟曰：“海凫毛见则天下大乱，斯鸟亦海凫类。”《海外北经》务隅之山，帝颛顼葬于阳。郭注云：“颛顼，号为高阳，冢今在濮阳，故帝邱也。一曰顿邱县城门外广阳里中。”刘会孟云：“此招魂葬衣冠之所，非濮阳帝邱也。”

被吴任臣引用的评论类条目很少。例如，《海外西经》刑天神话，刘会孟云：“律陀有天眼，形天有天口。”《西山经》鹿台之山有凫徯鸟，“其名自叫也，见则有兵”。刘会孟云：“鸟人面者，非大美则大恶。其美者频伽，大恶者凫篌。”刘会孟对《海内北经》驺吾（一作虞）兽的评论是：“五色烂然为婆罗花，五色毕具为驺虞兽，皆禀五行之精者。唐太和元年有白虎入重峰观，即驺虞也。又永乐二年，周王畋钩州获驺虞。宣德四年，滁州来安石固山获二驺虞，献之朝。群臣皆赋咏之。夏原吉《赋序》云：‘猊目虎身，白质黑章，修尾逾目。不食生，不践草。’与《埤雅》所载同。”

根据刘会孟书名估计，其《评山海经》应该以评论为主。可是，吴任臣为什么引用这么少呢？笔者以为主要是因为吴任臣《山海经广注》体例所限，未能充分引用而已。正如吴氏对

王崇庆《山海经释义》的态度一样，只引用地理与训诂，不引评论。这样，我们就无法全面了解刘会孟《评山海经》的真实面目了。

总的看来，《山海经释义》开创了评论式的《山海经》研究方法。作者主要从儒家正统的道德观念，和统治阶级的政治立场立论，代表了明代某些知识分子对于《山海经》的认识。但是，其"寓言说"在自由解读《山海经》方面还是具有启发意义的，它代表了解释《山海经》经文的多种可能性之一。尽管可能不符合《山海经》原始意义，但是王崇庆把《山海经》完全当做文学作品进行解读，按照接受美学的观点，这也是可以接受的。而我们从王崇庆的"寓言说"中，可以了解明代儒生的精神风貌——不重考据，强调义理。

王崇庆这种评论式的注解方式，自然不入清代考据学诸公的法眼。《四库全书总目提要》评价其书云："是书全载郭璞注。崇庆间有论说，词皆肤浅。其图亦书肆俗工所臆作，不为典据。"所以，《山海经释义》被列入存目书。这种所谓"肤浅"的指责一部分原因在于《山海经释义》本身的世俗化倾向，另一部分原因则在于四库馆臣的考据学眼光。

（三）杨慎解读《山海经》的跨文化视野和文学眼光

杨慎（1488～1562），字用修，号升庵，新都（今属四川）人。其父杨廷和为内阁首辅，本人又少负才名，正德六年（1511）殿试第一，授翰林修撰。嘉靖时代任经筵讲官。嘉靖

三年（1524）因为参与"议大礼"而触怒皇帝，谪戍云南永昌卫，从此在云南度过余生。杨慎一生跌宕起伏，见多识广。学问广博，从金石之学，到民歌童谣，无所不用其心。又勤奋笔耕，著述弘富，《明史》推为第一。

从全国政治文化中心北京贬谪到边疆云南的三十八年生活，对杨慎的人生态度和治学方式发生了重大影响。他的思想观念和文学趣味发生了重要变化，所以能够关注长期遭受正统文人漠视的《山海经》，并给予高度评价——"六经如五谷"，"《山海经》如山珍海错"。由于喜爱《山海经》，喜爱古人用韵语纪异物，杨慎曾经模仿郭璞《山海经图赞》而创作《异鱼图赞》，其中也收录了郭璞关于鱼类的个别图赞。他对于刘歆、郭璞的工作，也给予了充分肯定。其《注山海经序》云："汉刘歆《七略》所上，其文古矣。晋郭璞注释所序，其说多矣。此书之传，二子之功欤？"而他最重要的《山海经》研究成果——《山海经补注》，完成于1545年，并于1554年刊刻，收入《杨升庵丛刻十四种》。后来多种丛书收录此书。中华书局1991年据《艺海珠尘》本排印，比较易得。

杨慎《山海经补注》和其他相关著作，如《丹铅总录》、《丹铅余录》、《续录》、《摘录》、《息壤辨》等，都对《山海经》有所解说。其对于《山海经》研究的贡献是多方面的。

1. 文字训诂的进展

杨慎爱好古文字，曾有《奇字韵》、《古音骈字》等著作。扎实的文字音韵学功底，使他对于《山海经》文字的解读也有

一些独到见解。例如，《中山经》暴山多"麖"。郭璞无注。杨《补注》云为"麂"。袁珂《山海经校注》采纳了此说。《海外东经》玄股国其人"食躯"，郭注："躯，水鸟也，音忧。"杨慎补充说明道："躯，即鸥。"此说符合《说文》的解释。朱骏声《说文通训定声》云："躯，今作鸥。"看来，杨慎的说明是正确的。《北次三经》有太行山，郭注："行，户刚反。"杨慎《丹铅余录》卷二云："《山海经》太行山，一名五行山。《列子》作大形。则行本音也。"意思是太行山之"行"，本音应该是五行之"行"。这种说法颇有道理。

《海内经》有"洪水滔天，鲧窃帝之息壤，以堙洪水"。郭璞注云："息壤者，言土自长息无限，故可以塞洪水也。《开筮》曰：'……伯鲧乃以息石、息壤以填洪水。'汉元帝时，临淮徐县地踊，长五六里，高二丈。即息土之类也。"后来者多从郭说，以息壤为天帝手中神土。罗泌《路史》云，楚国有地名息壤，该地土壤能够生长，所以鲧用这种土堵塞洪水。但是，杨慎《息壤辨》认为这种说法是"眯目而道"。他据汉儒旧注认定"壤"又名息土，无块、柔软、肥沃、赤色，可以耕种，故云：

《山海经》所云"鲧窃帝之息壤"，盖指桑土稻田可以生息，故曰"息壤"。土田皆君所授于民，故曰"帝之息壤"。鲧之治水，不顺水性，而力与水争。决耕桑之畎亩，以堙淫潦之洪流，故曰："鲧窃帝之息壤，以堙洪水。"

杨慎批评旧注："古书传之言，本自明且昭，而解者翳且晦。此类多矣。"此说有独到的合理成分，得到后人赞扬。不过，由于单纯文字训诂本身的局限，杨慎之说实际是用现实性的息壤取代了神话性的息壤。从神话学角度看，似乎有合理主义之嫌，与《山海经》、《开筮》的息壤神话有一定距离。

2. 以亲身见闻确认《山海经》中许多自然知识的真实性

杨慎比较肯定《山海经》中的写实部分。他常常用实际经历来加以说明，而不是靠翻故纸堆，靠闭门玄想。如鸟鼠同穴山（今名鸟鼠山），《尚书》、《山海经》皆有，是渭水发源地。《尚书》"导渭自鸟鼠同穴"一语之孔氏传云："鸟鼠共为雌雄，同穴处。此山遂名。"郭璞注《山海经》则据《尔雅·释鸟》详细而客观地说明了鵌鸟和鼵鼠共处一穴的自然奇观，未言共为雌雄的传闻。可是有些经学家缺乏自然知识，怀疑这种现象的真实性。如宋代蔡沈《书集传》（后世简称《蔡传》）云："同穴，山名。《地志》云：'鸟鼠山者，同穴之枝山也。'《孔传》曰：'鸟鼠共为雌雄，同穴而处。'其说怪诞不经，不足信也。"蔡沈为了否定鸟鼠同穴这样的自然奇观，竟然把鸟鼠同穴山分为两座山，一座叫"鸟鼠山"，另一座叫"同穴山"；甚至煞有介事地宣称"鸟鼠山"是"同穴山"的"枝山"——一条支脉。而杨慎注《山海经》引证陕西人和目击者见证，的确存在鸟鼠同穴山。他批评《蔡传》："宋人作《书》传，乃以鸟鼠为一山，同穴为一山。意欲附于不语怪，而不知其妄可笑

也。"杨慎的批评一针见血。

贬谪云南的经历更加丰富了杨慎关于大自然的见闻，曾有《云南山川志》、《滇候记》和《滇产记》等著作记录当地山川、气候和物产。所以，其《山海经补注》增加了一些郭注不详的事物。如《南山经》宣爱之山的野兽"类"。经文云："其状如狸而有髦，其名曰类。自为牝牡，食者不妒。"郭注云："《庄子》亦曰：'类自为雌雄而化。'今貆猪亦自为準（当为雌）雄。"貆猪就是豪猪。所谓"自为雌雄"，即雌雄同体。当是古人见到豪猪体多长刺难以配合所产生的传闻。验之现代动物学，则无据。杨慎注云："今云南蒙化府有此兽，土人谓之'香髦'。……再考此兽类明，盖种无异同，雄亦类雌，雌亦类雄。类字之义愈益可明。"蒙化在今云南楚雄彝族自治州。这是他在云南的见闻，并推想其命名的由来。最近生物学家郭郛《山海经注证》认为类就是大灵猫，这种动物雌雄外表不易区分。可见杨慎对类兽的注解是正确的。又如，《西次二经》松果之山的濩水有螐渠鸟，"其状如山鸡，黑身赤足"。郭注云："螐渠，音彤弓之彤。"杨慎注云："螐渠，即鸀渠。南中通海县有之，名曰鸀鸡。旧注音彤，谬。"鸀渠是一种水鸟，符合经文描述。通海县在云南，这材料当是杨慎得自流放地。后来毕沅指出《尔雅》、《说文》均作雏渠，看来杨慎把螐渠解释为鸀渠，是正确的，古代的确有两种名字。但是，杨慎指责郭注有误，以为"音司"，不知何据。《北次三经》天池之山"有兽焉，其状如兔而鼠首，以其背飞，其名曰飞鼠"。郭注云："用其背上毛飞。飞则仰也。"飞鼠，即鼯鼠。经文描述其飞翔不准确，郭注更是想象之辞。杨慎云："云南姚安（今大姚县）、蒙化有之。余亲所见也。其肉可食，其皮治难产。"《南山经》洵水注于阏之泽，"其中多苣蠃"。郭注云："紫色螺也。"杨慎云："螺色白。磨之则紫文生。余亲见之。"云南的见闻使杨慎《补注》在了解《山海经》的自然知识方面有了一定进展。而这是那些一般读书人不可能有的经历，一般注家不可能有的见识。

3. 跨文化视野下的《山海经》奇异民族

由于两地民族文化差异巨大，杨慎在云南显然经历了跨文化的过程，即从唯一的汉族文化跨入其他民族文化。

一生只经历一种文化的人很容易局限于母文化的价值观，并以之为唯一价值尺度判断其他一切事物，从而陷入所谓"文化自我中心主义"的泥坑。经过跨文化历程的人则可能摆脱这种单一价值观念，形或多元化的文化立场。杨慎长期生活在云南，了解其他民族生活方式较多，并对当地少数民族历史与文化比较尊重。在其著作中多有记录。其《云贵乡试录》云："恒言目滇曰遐域。……稽古滇域，非遐也。青阳，黄轩之封壤也。黑水，玄禹之导迹也。……故滇文之蔚也，实彰圣代文治之广矣、大矣！"杨慎虽然不能完全摆脱汉族文化自我中心主义的褊狭，但是毕竟形成了跨文化的学术视野。这在杨慎《山海经补注》对异民族的注解中是有显示的。

他用异民族的文化注解经文。《海内北经》记录犬封国

"有一女子方跪进杯食"。郭璞注："与酒食也。"意思是女子正跪着给人进献酒食。杨慎认为是给丈夫进酒食。进酒食还要下跪，似乎不可思议。杨注云：

今云南百夷之地，女多美。其俗不论贵贱，人有数妻。妻妾事夫如事君，不相妒忌。夫就妾宿，虽妻亦反服役之，云重夫主也。进食、更衣，必跪，不敢仰视。近日，姜梦宾为兵备，亲至其地。归，戏谓人曰："中国称文王妃后不妒。百夷之妇，家家文王妃后也。"跪进杯食，盖纪其俗。

杨慎强调的是云南土著"妻妾事夫如事君"，以此说明犬封国习俗的现实合理性。故云《山海经》"（女子）跪进杯食，盖纪其俗"。但是，又由此联想到中国文化中妻妾嫉妒的问题——杨慎从跨文化的视角反思中国文化。中国汉族古代同样实行多妻制，随之而来的是不可避免的妻妾矛盾，即所谓嫉妒。用中国古代生活经验看待《山海经》中犬封国，看待云南土著习俗，似乎是天方夜谭。杨慎认为：土著是依靠高度尊崇男性的方法，消灭了嫉妒。他显然在设想着通过进一步提高汉族男性地位而解决多妻制给汉族家庭与社会带来的嫉妒问题。

《海外南经》有"神人二八连臂，为帝司夜于此野"。郭注云："昼隐夜现。"杨慎云："南中夷方或有之。夜行逢之，土人谓之'夜游神'。亦不怪也。"这些神人本来被视为怪物，可是杨慎以云南土著民族对夜游神的信仰，说明它们并非怪物。

由于迷信，杨慎注《大荒西经》"风道北来，天乃大水泉。蛇乃化为鱼，是谓鱼妇"时云："今南中百夷能以术咒尸为鱼而食之。"这不符合经文，也不真实。

《山海经》多言异族为中国上古帝王之后裔。如《大荒东经》云："有黑齿之国。帝俊生黑齿，姜姓，黍食，使四鸟。"郭注云："圣人变化无方，故其后世所降育，多有殊类异状之人。诸言生者，多谓其苗裔，未必是亲所产。"明显是从神仙学观点作发挥。杨慎云："盖赐之姓，而别其种类。相传既久，彼后世自以为圣帝之苗裔也。如今云南木邦孟养之夷云'天皇帝是我兄之类。'"这种注解可能不很适合黑齿国，但其原理是比较接近事实的，用在其他异族是可以的。所以，杨慎注《大荒南经》"三身之国，姚姓，黍食"时列举许多国族的姓氏，并云："夷狄岂有姓哉！盖禹锡土姓，而覃及四裔也。《书》所谓'声教讫海。'此亦可证。今南中夷人有合国同一姓者，其遗俗乎？"杨慎的说法明显比郭注之说为优。

由于饮食是人类文化的最基本方面，《山海经》对于异族的饮食习俗是很关注的，常常有所谓"黍食"、"食谷"、"食兽"、"食木实"之类的描述。郭璞对于《山海经》中各异族的饮食习俗往往从神仙学角度解释。如《大荒东经》云："中容人食兽、木实，使四鸟。"郭注云："此国中有赤木、玄木，其华、实美。"又如，《大荒东经》"有芌国，黍食。"郭注云："言此国中惟有黍谷也。"这可能是受经文本身神异色彩的影响，部分地反映了《山海经》作者们对异族的想象。杨慎则从实际方面作说明。前文所引三身之国的注文云："黍食，言犹火食也。……其曰：'食木叶'、'食鱼'、'食木实'，《王制》所云'不火食'也。"火食、不火食，即熟食、生食。这在原始民族中是作为文明程度标志使用的。《山海经》中《北次首经》末云："其山北人皆生食不火之物。"郭注："或作皆生食而不火。"经文多次提到有许多国族黍食。黍是古代中国主要食物之一，需要蒸煮而食。杨慎注"黍食"是火食，基本符合事实。异族吃黍，当然是和中国文化程度接近的意思。而食木叶、食兽等"不火"者，自然被古人视为远离人类文明的族群。所以，王崇庆《山海经释义》云："其曰北山人食不火之物，是生食也。盖洪荒之初，民固有茹毛饮血者矣。"杨慎的注解能够摆脱神仙观念，揭示了《山海经》饮食观念的事实一面，非常珍贵。

4. 对"禹鼎图说"的继承与发展

宋人已经开始关注大禹铸鼎传说与《山海经》创作之间的关系。在杨慎完成《山海经补注》之前，黄省曾（1490～1540）《〈山海经〉、〈水经〉合序略》也提及《山海经》与禹鼎的关系："古《山海经》十八卷，亦宇中之通撰也。粤溯往牒，则远方图物，夏鼎之铸象也。聂耳雕题，汤令之备献也。白民黑齿，成王之作《会》也……"

杨慎《升庵集》卷二《〈山海经〉后序》正式把它发展为一种假说：

《左传》曰：昔夏氏之方有德也，远方图物贡金九牧，铸鼎象物。百物而为之备，使民知神奸，入山林不逢（逢）不若。魑魅魍魉，莫能逢（逢）之。此《山海经》之所由始也。神禹既锡玄圭，以咸水功，遂受舜禅，以家天下。于是乎收九牧之金，以铸鼎。鼎之象则取远方之图。山之奇，水之奇，草之奇，木之奇，禽之奇，兽之奇。说其形，著其生，别其性，分其类。其神奇殊汇，骇视惊听者，或见或闻；或恒有，或时有，或不必有，皆一一书焉。盖其经而可守者，具在《禹贡》；奇而不法者，则备在九鼎。九鼎既成，以观万国。同彼象而魏之，日使耳而目之。脱辎轩之使、重译之贡，续有呈焉。固以为恒而不怪矣。此圣王明民牖俗之意也。夏后氏之世虽曰尚忠，而文反过于成周。太史终古藏古今之图。至桀焚黄图，终古乃抱之以归殷。又史官孔甲於黄帝姚姒盘盂之铭，皆缉之以为书。则九鼎之图其传固出于终古、孔甲之流也。谓之曰：《山海图》。其文则谓之《山海经》。至秦而九鼎亡，独《图》与《经》存。晋陶潜诗"流观山海图"，阮氏《七录》有张僧繇《山海图》，可证已。今则经存而图亡。后人因其义例而推广之，益以秦汉郡县地名。故读者疑信相牪。信者直以为禹益所著，既迷其元；而疑者遂斥为后人赝作诡谋，抑亦轧矣。

杨慎把传说中大禹铸鼎象远方之图物解释为专门表现奇山、奇水、奇草、奇木、奇禽、奇兽中"奇而不法者"（即不合常理者）；把其中"经而可守者"（即合乎常规者）的文字叙述归

为《禹贡》；而把奇异不法者的文字叙述归为《山海经》。而铸鼎的目的则被他归结为开启民智。九鼎图像来自远方连续不断贡献的各种奇异物产图，相关叙述文字，即《山海经》。夏朝太史终古、黄帝史官孔甲之类的史官保存了九鼎原图和《山海经》，并一直流传下来。

按照这个假说，大禹与《山海经图》、《山海经》的关系是间接的，大禹只是开创了一个传统，历代史官依照这个传统陆续接受远方之图并分类记述远方贡物，才形成《山海经图》和《山海经》。这就既保持了大禹和《山海经图》、《山海经》的关系，同时也解答了唐人杜佑以来对于大禹作《山海经》的怀疑。所以，杨慎既不同意《山海经》的作者就是大禹和益，也不同意此书为后人伪造。用他自己的话就是："信者直以为禹益所著，既迷其元；而疑者遂斥为后人赝作诡撰，抑亦轧矣。"言辞犀利，是杨慎一贯的文风。

杨慎这个假说使古老的"禹益说"获得了新生命。他用禹、益传说重新肯定了《山海经》内容的真实性。即便是"奇而不法"的怪物，并且不一定存在，也是来自远方图物，并非空穴来风。所以，这个假说在以后的学术史上影响巨大。古代的胡应麟、毕沅，现代的马昌仪等许多学者都在杨慎假说基础上讨论《山海经》和《山海经图》。

为了证明这个假说，杨慎在对于《海经》以下的注文中指明了一些文字是描述的九鼎图像。如《海外北经》共工之台"有一蛇，虎色，首冲南方"。杨慎注云："首冲南方者，纪鼎上所铸之像。虎色者，蛇斑如虎。盖鼎上之像又以彩色点染别之。"《海外东经》"竖亥右手把算，左手指青丘北"。杨慎注云："亦指铸像也。"

不过，现代学者怀疑夏代初年的铸造技术能否铸造出图案如此复杂、内容如此众多的成套的写实性图像。另外，所谓远方贡图也未见于刘歆记述，是否真实还有待证明。《山经》记录了大量的动物叫声，这是绝不可能来自图像的。由此看来，杨慎的假说并不十分可靠，其解释力是有限的。

5. 对《山海经》的纯文学的解读

由于云南远离文化中心，狭隘的经学"不语怪"传统对他失去了效用；而相对开明的"君子博学"传统在他身上得到全面体现。杨慎的学术观念比较世俗化，常常从纯文学角度欣赏《山海经》。在好友聚会谈论《文选》、《山海经》时，有一位官员声称空暇时只看六经。杨慎半开玩笑、半认真地说："六经，五谷也。岂有人不食五谷者乎？虽然，六经之外如《文选》、《山海经》，食品之山珍海错也。徒食谷而却奇品，亦村疃之富农苛诋者，或以嬴悖老羝目之矣。"与杨慎有同样爱好的张愈光听说杨慎此论后，大加赞扬："观《文选》如食熊膰，极难熟而味隽永。观《山海经》如食海味，必在饫醉之后。枵腹则吐之不纳也。"杨慎及其好友都是从纯文学方面欣赏《山海经》的，六经自然无法比拟。

人们通常只是欣赏《山海经》的故事内容，无人关注其笔法，甚至常常慨叹经文过于简陋。杨慎认为其中不少地方可以

当做古文范本。《北次二经》之首："在河之东。其首枕汾，其名曰管涔之山。"杨慎注云："《山海经》皆先书山名。此山独变文，亦奇笔也。"《东山经》："竹山錞于江。"杨慎注云："錞于江，形如錞也。与管涔之山'其首枕汾'用字相类。"《大荒北经》言烛龙"其瞑乃晦，其视乃明。风雨是谒，是烛九阴，是谓烛龙"。杨慎云："三'是'字，古文法，奇之又奇。"这三处都是从经文叙述文字的技法上出注，与一般注家大异其趣。杨慎盛赞《山海经》文字技法。《北山经》："白沙山，广圆三百里，尽沙也。"杨慎引述欧阳修《醉翁亭记》开篇名句"环滁皆山也"的炼字经过，云："（欧阳修）可谓简而奇。然《山海经》已有此语。……学古文者，岂可不读古书乎？"这对揭示《山海经》的文学价值是有意义的。

杨慎还专门指出一些文学名篇与《山海经》的关系。他注教水，点明是杜甫《石壕吏》所言石壕，今名干壕铺。注黄帝派应龙、魃战胜蚩尤，则指明是阮籍诗句"应龙沉冀州，妖女不得眠"用典出处。此类注虽然很少，但是有助于我们按图索骥了解《山海经》的文学影响。

肯定《山海经》文学价值的不止杨慎、王崇庆。王世贞题曹善抄本《山海经跋》称："《山海经》最为古文奇书。"胡应麟虽然认为《山海经》是周末文人之作，但是对其文学价值评价甚高："……叙述高简，词义淳质，名号倬绝，自成一家。"这些评论反映出明代文坛对于《山海经》的热爱。正是在这种文学气氛中，朱铨的《山海经腴词》应运而生。

朱铨，生卒年失考。长沙人，善画能诗。其《山海经腴词》一卷有多种本子，最早是崇祯十七年（1644）刻本，藏国家图书馆。该书是一部协助作诗文的工具书。朱铨有感于《山海经》词语怪诞，常人无法卒读。所以，"兹编《腴词》，化异为常，既释见麠骇黿之惑；因难见巧，并有珠联璧合之奇。庶令读者采用。觉古如紫文金简，不致怪如牛鬼蛇神矣"。书中把《山海经》里的鸟兽虫鱼、矿藏、故事编成对偶，以方便作诗文者使用。如"妪山有鸡谷，丰山有羊桃"、"鼓钟之山有焉酸草茂三成之叶，招摇有迷穀木开四照之花"等等。虽然没有什么学术价值，但是从中可以看出明代不少文人是把《山海经》作为文学工具的，和杨慎等人赞扬《山海经》的文字之美有异曲同工之妙。

6. 学术取向的世俗化倾向

受明代社会与学术世俗化趋势的影响，杨慎比较重视世俗社会，关注民间文化，曾经编有《古今谚》、《古今风谣》、《俗言》等。他的《山海经补注》甚至直接引用民间谚语。如注解《南山经》猨翼之山云："猨岂有翼哉！言此山之险而难登，猨亦须翼。谚所谓'胡孙愁'也。"他注解反景为夕阳西下之时影子的方向发生反转，并引谚语"日没胭脂红，无雨必有风"形容晚霞。

他的《山海经》研究的世俗化倾向主要体现在以亲身见闻确认经文中许多自然知识，而不是沿袭古老学术传统翻故纸堆；体现在用世俗的、人人易于接受的文学观点来看待《山海经》；

体现在用浅显的道理和语言来进行阐释。正如周爽《山海经补注跋》所云："余获是编（指《补注》），真帐中之异书，海外之奇作。然敷文析理，不事艰深。人望之而难，读之而易。知（当为"直"）视韩子之解老，子玄之注庄。"这种学术世俗化倾向后来遭受清代考据学诸公责难，其实并不公允。

总体上看，尽管杨慎《山海经补注》内容不是很多，只有一卷，但毕竟是郭璞以后较早研究《山海经》的专书。而其中对《山海经》研究的贡献是多方面的。过去学界往往只关注杨慎对于禹鼎图假说的继承与发展，反而忽略了杨慎在文字训诂、自然知识、跨文化视野和学术世俗化倾向等方面更加实在的贡献，其结论难免有些偏颇。例如，毕沅云："今按杨慎所注，多由蹈虚，而非征实，其于地理全无发明。"杨慎确实对《山海经》山川地理较少关注，但是风物知识还是不少的，毕沅说他"多由蹈虚"有失偏颇。

（四）胡应麟定《山海经》为"古今语怪之祖"

胡应麟（1551～1602），字元瑞，号石羊生，又号少室山人，浙江兰溪人。受王世贞推引登上文坛，为末五子之一。曾经考据杂说多种古籍，收入《少室山房笔丛》正、续二集，其中考论《山海经》的内容比较丰富，对后学的影响较大。

由于胡氏观点在一定程度上受到王世贞的影响，为了充分了解胡应麟学术思想的来源，需要先介绍一下王世贞对《山海经》的看法。

王世贞（1526～1590），嘉靖、万历年间的文坛领袖。他曾经收藏元人曹善抄本《山海经》，并题跋其上。其《跋》云：

《山海经》最为古文奇书。至曼倩之名毕方，子政之识贰负，皆于是取衷。而国师公（指刘歆）《后序》直以为大禹、伯益著。惟司马子长亦云："《禹本纪》、《山海经》所有怪物，余不敢言。"盖亦疑之，而未能决也。贞窃以为不然。经内语，如西望大泽，后稷所潜。稷之称后，追自周始耳。南望掸诸（当为埠渚），禹父所化。禹宁忍纪父化也？狄山，文王葬其所。注即周文王也。有易杀王亥，取仆牛。注引殷王子亥淫于有易，见弑也。又成汤伐夏桀于章山，克之。及禹生均国，均国生役采，役采生循鞈之类，不可枚举。岂禹本经不传，或简略非备，而周末文胜之士为傅会而增饰者耶？

王世贞列举了《山海经》中存在的大量商代和周代的历史内容，以此判定刘歆提出的《山海经》直为"大禹、伯益"之书的说法过于简单化。他批评司马迁只是怀疑此书而未敢确定。为此，王世贞罗列了《山海经》中存在的大量商周时代的内容判定今本《山海经》不可能是大禹、伯益之书。但是，王世贞并没有走到全面否定此书的极端立场。他假设存在一个原始《山海经》，即文中所谓的"禹本经"，推测今本《山海经》乃是周代末年文人学士对原始《山海经》大加增饰的结果。当然，这个所谓"禹本经"在他眼里也不是大禹之作。王世贞在

《弇州四部稿》卷一五八云："夏禹、伯益作《山海经》，有长沙、零陵、桂阳、诸暨、郡县……颜氏以为后人所羼，非本文也。然《山海经》、《本草》、《尔雅》，恐亦非禹、神农、周公作。"

胡应麟用来论证《山海经》创作年代的主要证据来自王世贞。但是，胡应麟援用《山海经》包含的商周历史内容彻底否定"禹益说"，并且进一步论证"《山海经》称禹、益，实周末都邑簿也"。

1. 定《山海经》为"古今语怪之祖"

虽然也承认《山海经》是"都邑簿"，即地理志之一种，但是，胡应麟更加强调《山海经》的主要内容是语怪。胡云："《山海经》，古今语怪之祖。刘歆谓夏后、伯翳撰，无论其事，即其文与《典》、《谟》、《禹贡》迥不类也。"他从内容和文字风格两个方面否定《山海经》与《尚书》中《大禹谟》和《禹贡》存在相似。"盖是书（指《山海经》）也，其用意一根于怪。所载人物、灵祇非一，而其形则若魑魅魍魉之属也。"在《少室山房丛笔正集》卷十九，胡应麟又云："《山海经》专以前人陈迹附会怪神，而读者往往不能察。"于是，列举了《山海经》中"开（即启，避汉景帝讳改）上三嫔于天"是本《离骚》、《天问》之说而讹者，困民国的王亥故事是根据《穆天子传》而说怪等十几个例子，证明《山海经》是专门述怪之作。

这种说法，符合《山海经》中存在虚幻内容的事实，可是忽略了《山海经》同时存在着许多写实性内容。其实，《山海经》中有些地理记录与《禹贡》是可以相互对照的。不过，明人历史地理学知识有限，直至清代四库馆臣依然如此，可能难以判断《山海经》的真实属性。而《山海经》在明代社会发生影响主要依靠其文学虚构。这是胡应麟忽略《山海经》地理志属性而强调其"志怪之祖"属性的重要原因。

胡应麟的说法后来直接启发了清代四库馆臣对于《山海经》属性的认识，他们把《山海经》从地理类退置于"小说家异闻之属"。胡氏的观点还间接地影响到现代学者，如茅盾等人判断《山海经》为神话著作，可以说是影响深远。

2. 批驳《山海经》"禹鼎图"说，断定是周末文士之作

胡应麟对于杨慎的各种学术观点多有批判。曾有《丹铅新录》八卷、《艺林学山》八卷专驳杨慎。杨慎的《山海经》"禹鼎图"说，自然也未能幸免。

胡应麟的文化历史观念是：时代越古老，书籍内容越平实可信；奇怪之说都是本于古事夸饰而成。而《山海经》多怪物，其创作年代自然遭到他的怀疑。其论《穆天子传》与《山海经》之关系就是本于这样的历史观念："《穆天子传》……其叙简而法，其谣雅而风，其事侈而核。视《山海经》之语怪，霄壤也。"于是，《山海经》的写作年代就被推定在《穆天子传》之后。这种历史观念在现代人看来是存在问题的，包含神怪的材料有可能更加原始，而雅正的材料反而可能较晚。但是在古代，胡应麟所遵循的历史观一直是正统学者遵循的共同思

想原则。

那么，《山海经》究竟是在什么时代、什么条件下创作的呢？

胡应麟认为："古人著书，即幻设必有所本。《山海经》之称禹也，名山大川，遐方异域，固本治水作贡之文。至异禽、诡兽、鬼蜮之状，充斥简编。虽战国浮夸之习，乃《禹贡》则亡一焉。而胡以傅合也？"问题是《山海经》既有本于写实的"治水作贡之文"，又有幻想的志怪之语，二者如何结合在一起，颇让胡应麟疑惑。这种疑惑在他读到《左传》王孙满对楚子纵论禹鼎之语时，顿时消除了：

此书盖周末文人因禹铸九鼎图象百物使民入山林川泽备知神奸之说，故所记多魑魅魍魉之类，而于禹为特详。

偶读《左传》王孙满之对楚子曰：'昔夏之方有德也，远方图物贡金九牧，铸鼎象物，百物而为之备，使民知神奸。故民入川泽山林，魑魅魍魉莫能逢之。'不觉洒然击节曰：'此《山海经》所由作乎？'盖是书也，其用意一根于怪。所载人物、灵祇非一，而其形则若魑魅魍魉之属也。考王孙之对，虽一时辨给之谈，若其所称图象百物之说，必有所本。至于周末《离骚》、《庄》、《列》辈，其流遂不可底极。而一时能文之士因假《穆天子传》之体，纵横附会，勒成此书，以傅于图象百物之说。意将以禹、益欺天下后世，而适以诬之也。自此书之行，古今学士但谓非出大禹而已，而未有辨其本于穆满之文者。

尤未有察其本于王孙之对者。区区名义之末，诚非大体所关，然亦可见古今事理，第殚精索之。即千载以上，无弗可穷也。作者有灵，其将为余绝倒于九京也哉！

在他看来，《山海经》与禹鼎的关系是间接的，只是与王孙满谈论禹鼎的话有关，是周末能文之士读了《左传》所记王孙满谈论禹鼎的话而故意附会的，与真实禹鼎无关。这对于杨慎的假说是一个重大的打击。

基于上述理由，胡应麟非常赞赏朱熹《楚辞辨证》关于《山海经》是"缘《天问》而作"的假说。但他认为朱熹只注意到《山海经》与《天问》的关系，考虑不周。所以，胡应麟又补充云：

然《经》（指《山海经》）所纪山川神鬼，凡《离骚》、《九歌》、《远游》、《二招》中稍涉奇怪者悉为说以实之，不独《天问》也。而其文体特类《穆天子传》。故余断以为战国好奇之士取《穆王传》，杂录《庄》、《列》、《离骚》、《周书》、《晋乘》以成者。

胡应麟的假说比朱熹严谨许多，立论也经过比较严格的论证，比如从文体到内容详细对比《山海经》与《穆天子传》，以确定双方关系。因此他十分自负其说。"自非熟读诸书及此经（指《山海经》）者不易信也。后世必有以余为知音者。"胡

的说法受到后世一些辨伪学者的支持。

基于这样的结论，胡应麟全面批驳了刘歆、赵晔关于《山海经》作者的说法。这是唐人杜佑以来关于"作者非禹、益之说"的最系统论证。

回顾明代各位学者对于《山海经》的阐述，笔者以为当时《山海经》主要以文学面目发挥社会影响，一般人多从文学立场看待此书，并对其文学价值加以评论。这是明代《山海经》学发展的基础。

明人思想比较活跃。王崇庆思想保守，但是学风却自由，其《山海经释义》颇有创新见解。它开创了以现实眼光评论《山海经》的新方法，展示了自由解读的新可能，也保留了明代社会观念的活标本。杨慎《山海经补注》在文字训诂、名物解说以及"禹鼎"说等方面颇有进展，尤其是他的跨文化视野在古代《山海经》学历史上独树一帜。胡应麟的考据学研究也比宋代朱熹有了较大进展。刘会孟对于《山海经》地理内容的研究有了一定进展。可惜刘会孟著作失传，我们无法全面评价其在《山海经》地理学研究方面的进展。这些都是值得关注的。所以，笔者认为明代《山海经》学已经粗具规模。

一般明代学者轻考据（像胡应麟那样的考据式研究比较少）、重义理，所以，明代人对于《山海经》原始性质的理解还不够深入。

么子是螭吻（chī wěn）：又名鸱尾，鱼形的龙。相传是大约在南北朝时，由印度"摩竭鱼"随佛教传入的。它是佛经中，雨神座下之物，能够灭火。故此，螭吻由此变化出来，所以它多安在屋脊两头，作消灾灭火的功效。

第四儿是蒲牢：喜欢吼叫，人们就把它安在钟上，大多是蒲牢的形象。一说它生活在海边，胆子比较小，怕海里的鲸鱼，一遇到就会大叫，所以把他安在钟上，而撞钟的横木上就雕着鲸鱼的形象……这货长的好猥琐。

清代时的《山海经》研究

（一）清代社会与考据学的主流学术地位

清廷入关之后，在文化政策上基本沿袭明制，崇儒重道。清廷为了使自己对华夏的统治合法化，在维护中国文化正统、倡导儒家经学方面比以往朝代更加积极。而经学一直有考据和义理两种方式，不同时代的学者对于二者各有偏重。汉儒重章句，即考据。宋儒、明儒偏重义理。清初学者多认为理学空疏之风是导致明朝亡国的重要原因。所以顾炎武、王夫之都反对陆王之学，修正程朱之学；黄宗羲反对程朱之学，修正陆王之学。针对理学衰微不振和民间学者反对宋学的潮流，康熙一面批驳理学空疏，一面继续倡导经学，实际效果就是倡导朴学。胡渭、何焯、阎若璩等考据大家分别受到康熙、雍正的礼遇和褒奖。所以，到了乾嘉时期，学界发展到全面反对宋学。如惠栋指责宋儒不重训诂是"宋儒不识字"，而宋儒重义理是空疏无本——"汉有经师，宋无经师；汉儒浅而有本，宋儒深而无本"。《四库全书》的编纂者多为考据学者，其编辑原则明显倾向于考据学。其《凡例》云：

　　说经主于明义理，然不得其文字之训诂，则义理何自而推？论史主于示褒贬，然不得其事迹之本末，则褒贬何据而定？……今所录者，率以考证精核、辨论明确者为主，庶几可谢彼虚谈，敦兹实学！

　　这样，宋、明以来的儒学新发展就被中断，重新恢复的是所谓"汉学"传统——以训诂考据为基础的儒学。考据学成为清代学术的主流，这对《山海经》研究具有很大影响，将涉及《山海经》的真实性问题、基本性质问题和具体解说方式。

　　由于考据学的需要，读类书、读杂书一时成为时尚。崔述（1740—1816）对此颇为感慨：

　　一二才智之士，务搜揽新异，无论杂家小说、近世赝书，凡昔人所鄙夷而不屑道者，咸居以为奇货，以傲当世不读书之人。曰：吾诵得《阴符》、《山海经》矣；曰：吾诵得《吕氏春秋》、《韩诗外传》矣……公然自诧于人，人亦公然诧之以为渊博；若《六经》为藜藿，而此书为熊掌、雉膏者然，良可慨也！

　　尽管崔述认为《山海经》荒唐无稽，并根据其中有秦汉郡县名而判断"其为汉人所撰明甚"。但是，潮流所向，崔述根本无法阻挡学界对于《山海经》的热情，在很多领域都出现了与《山海经》有关的讨论。

　　随着考据学获得学术主流地位，《山海经》的许多问题都在考据学的范围里展开讨论。例如，关于《山海经》的历史地理学价值问题，即真实性问题，往往是在《禹贡》注本中体现出来。《禹贡》和《山海经》都是上古地理学著作，不过，前者因为叙述平实、政治意义突出，所以一直是儒家经典；而后者则因为不雅正而地位卑微。但是，由于上古史料缺乏，注解《禹贡》常常需要用《山海经》中的材料。南宋蔡沈作《书集传》多用《山海经》的材料说明《禹贡》。在《山海经》尚未遭到普遍怀疑的时代，这样做似乎没有问题。但是，随着考据学的发展，清代治《禹贡》的学者之间却就此展开了激烈争论。

　　胡渭承认《山海经》是先秦书，个别材料有助于理解《禹贡》，却批评它的叙述没有明确位置，无从测验，所以主张不能用《山海经》注解经典。其《禹贡锥指略例》云："《山海经》、《越绝》、《吕氏春秋》、《淮南子》……等书所言禹治水之事，多涉怪诞。今说《禹贡》，窃附太史公不敢言之义，一切摈落，勿汙圣经。"顾栋高《尚书质疑》直接批评蔡沈用《山海经》注解《禹贡》的做法。但是，作《禹贡会笺》的徐文靖却支持蔡沈的做法，他认为："……《禹贡》与《山海经》犹《春秋》内、外传也。《禹贡》之山水多具见于《山海经》。以禹之经解禹之书，其不致有讹误也，明矣。故《会笺》于《山海经》所引为多。"尽管他把《山海经》当做大禹所作书不甚妥当，但是，凭心而论，徐文靖引《山海经》注解《禹贡》的做法还是有道理的。

　　争论并没有到此为止，徐文靖的做法遭到强调考据的四库馆臣批评："惟信《山海经》、《竹书纪年》太过。是则僻于好古，不究真伪之失耳。"四库馆臣基本采取胡渭的立场，承认《山海经》是古书，却认为它的内容不可信。《四库全书总目提要》评《山海经》云："书中序述山水，多参以神怪。……案以耳目所及，百不一真。"于是，他们将《山海经》定性为"小说之最古者耳"，并将它从史部"地理类"转到子部"小说"类，大大降低了《山海经》在知识体系中的地位。考据学本来是讲证据的，但是在当时历史地理学不发达的条件下难以找到直接证据肯定《山海经》的地理学真实性，四库馆臣就否定其地理志属性是比较鲁莽的。所以，余嘉锡认为这是由于"其时治之者未精耳"，毕沅等人的著作就证明了《山海经》绝非虚构。余嘉锡批评四库馆臣的做法是"自我作古，率尔操觚者矣"。

　　所以，从总体上看，清代学术思想是比较保守的。

　　不过，清代社会为学术研究提供了良好的物质条件。第一，清初康熙、雍正、乾隆三朝，社会稳定富足，工商业发达，图书印刷高度发展，为学术研究的繁荣奠定了基础。第二，清代疆域比明代扩大许多，中央政府稳定地控制着全国，乃至所有边疆地区。为了加强统治，清政府于康熙年间仿照元、明两代先例大修《一统志》，此后一直到嘉庆年间屡次修订，客观上使得学者可以方便地获得可靠的全国地理知识，有利于揭开《山海经》的地理之谜。所以，清人吴任臣、毕沅、郝懿行、吕调阳、吴承志等人在注解《山海经》时都对其中地理内容，尤其是边远地区的地理，多有比较确实的说明。

现在已知的清代《山海经》版本非常之多，研究著作也大大超过以往。如吴任臣《山海经广注》、汪绂《山海经存》、毕沅《山海经新校正》、郝懿行《山海经笺疏》、周绘藻《山海经补赞觶读》、吕调阳《五藏山经传》、《海内经附传》、吴承志《山海经地理今释》、陈逢衡《山海经汇说》、俞樾《读山海经》等等。本书选择吴任臣、汪绂、毕沅、郝懿行、陈逢衡和俞樾等六家做解说。